novum 🎓 pro

Franz Venier

GEWINNEN,
um zu siegen?

novum pro

www.novumverlag.com

Bibliografische Information
der Deutschen Nationalbibliothek:

Die Deutsche Nationalbibliothek
verzeichnet diese Publikation in
der Deutschen Nationalbibliografie.
Detaillierte bibliografische Daten
sind im Internet über
http://www.d-nb.de abrufbar.

Alle Rechte der Verbreitung,
auch durch Film, Funk und Fernsehen,
fotomechanische Wiedergabe,
Tonträger, elektronische Datenträger
und auszugsweisen Nachdruck,
sind vorbehalten.

© 2017 novum Verlag

ISBN 978-3-99048-938-3
Lektorat: Susanne Schilp
Umschlaggestaltung, Layout & Satz:
novum Verlag
Cover- und Innenabbildungen:
Franz Venier
Konzept und Idee:
Gottfried Lutz, Franz Venier

Gedruckt in der Europäischen Union
auf umweltfreundlichem, chlor- und
säurefrei gebleichtem Papier.

www.novumverlag.com

Inhaltsverzeichnis

Vorwort 7
Prolog 9
Warum, Franz? 11
Der Ritterschlag des Radfahrers 21
Meine Tränen der Freude 31
Das epische Leid und das epische Glück 48
Im Windschatten meines Teams 60
Franzi, das ist unser Game 69
Meine Rekorde 95
Meine Moral 123
Gewinnen, um zu siegen? 126
Epilog 130

Vorwort

Tobias Moretti und ich nach einer gemeinsamen Ausfahrt

Wenn es so etwas wie eine Symbiose aus Leidenschaft und Extremsport gibt, verkörpert dies der ungekrönte König der Schmerzen und des Radsports Franz Venier. Immer wieder ist mir dieser Venier in die Quere gekommen, als Ansporn, als Zugpferd, als beleidigendes Korrektiv. Dieser Mensch ist ein Phänomen, und dass er nun mit über 50 Jahren seine sportliche Karriere beendet hat und trotzdem der Alte bleibt in seiner Suche nach neuen Perspektiven und neuen Zielen, ist nur eine Konsequenz dessen, was er verkörpert. Er ist des Weiteren eine Koryphäe in jenem Sinne, dass er die Grobschlächtigkeit eines Tirolers, jene Sturheit, die uns manchmal mehr schadet als nützt, mit seiner herrlichen Leichtigkeit und seinem Witz beseelt. Seine Neugier und sein Interesse verzweigt sich weit jenseits des Sports bis in die Kapillaren der Hochkultur. Man entkommt ihm naturgemäß nicht. Darüber hinaus ist Venier für mich der Inbegriff des Sports schlechthin, wenn es um die Definition im archaischen olympischen Sinne geht. Dafür, dass dies lebbar ist und geht, hassen ihn jene, die sich arrangiert haben. Er hat es nicht.

Dafür bewundere ich ihn und wünsche ihm, dass er bis zum letzten Tritt diese „Tretscheibe" bleibt: beständig und in Bewegung.

Tobias Moretti

Prolog

Seit Jahren habe ich Ende August keinen so angenehmen, warmen Sommerabend in Sölden erlebt. Hinter mir liegt ein erfolgreiches und lustiges Radsportcamp im Hotel Alpina. Diese Radsportcamps zur Vorbereitung der Teilnahme am legendären Ötztaler Radmarathon veranstalte ich schon seit einem Jahrzehnt. Die Teilnehmerinnen und Teilnehmer waren durch das schöne Wetter während der ganzen Woche besonders motiviert und leistungsbereit.

Heute ist der letzte Abend des Camps und ich gönne mir zum Abschluss ein Glas Rotwein in einem netten Straßencafé. Das Zentrum von Sölden ist voller Menschen aus ganz Europa. Die Straßen sind frisch gewaschen und die Luft ist rein. Morgen ist es wieder soweit. „Ich habe einen Traum!" – das ist das Credo der jährlich rund 4 000 Teilnehmerinnen und Teilnehmer des Ötztaler Radmarathons. Die Strecke über 238 Kilometer und vier Alpenpässe macht das alljährlich Ende August stattfindende Kräftemessen der Breitenradsport-Szene zum ultimativen Showdown. Die Starterinnen und Starter kämpfen morgen um ein Durchkommen und heute Abend um einen Sitzplatz im Café. Ich beobachte das energische Treiben und trinke einen Schluck Rotwein. Aus meinen Gedanken und Beobachtungen reißt mich eine bekannte Stimme. Ernst Lorenzi, der Organisator des Ötztalmarathons, begrüßt mich und setzt sich zu mir.

Mittlerweile ist es 21.30 Uhr. Arbeiter montieren die letzten Transparente, bauen Bühnenelemente auf und checken die Straßenabsperrungen. In knapp neun Stunden fällt der Startschuss. Teilnehmerinnen und Teilnehmer des Marathons kommen von der Pasta-Party und tauschen Erfahrungen aus.

Das Stimmungsbild: Musik, Gelächter und gute Laune. Ernst Lorenzi verabschiedet sich und ich wünsche ihm alles Gute. Ich bleibe und bestelle mir einen großen Eisbecher. Ein etwas eigenartiges Gefühl steigt in mir hoch. Soll ich nach 20 Jahren doch noch mal den offiziellen Ötztalradmarathon fahren? Soll ich mir einmal noch eine Startnummer anlegen?

Meine Gedanken holen mich ein und ich beginne mit etwas Wehmut, aber auch mit Stolz über meine Extremsportkarriere nachzudenken. In meiner Erinnerung tauchen viele Szenen, Begebenheiten, Bilder und Anekdoten der letzten 20 Jahre auf.

Mit Ernst Lorenzi, dem langjährigen Organisator des Ötztalradmarathons

Warum, Franz?

Unzählige Male wird mir die Frage gestellt, warum ich Ultraradmarathons fahre, warum überhaupt jemand an der so ziemlich härtesten Sportveranstaltung der Welt, dem Race Across America, teilnimmt. Schlafentzug, Müdigkeit, Kälte, Hitze, Regen, Schneefall, Stürme, Trockenheit, Schmerzen, tausende Kilometer in wenigen Tagen, abertausende Höhenmeter, Millionen von Pedalumdrehungen.

Warum tue ich mir das an?

Nun, ich habe es mir zur Gewohnheit gemacht, diese Frage kurz und bündig zu beantworten: weil es mir Freude macht!

Mein Tonfall und meine Mimik sollten dabei dem Fragesteller signalisieren, dass Nachfragen nicht erwünscht ist. In den meisten Fällen funktioniert das gut. Mein Antwortverhalten ist einerseits ein Selbstschutz, denn bei vielen Zeitgenossen rufen diese Unternehmungen neben ehrlicher Bewunderung auch ehrliche Verwunderung und Kopfschütteln hervor. Natürlich sind diese Leistungen ohne Enthusiasmus und Freude nicht möglich.

Andererseits gibt es nicht nur eine Erklärung, sondern die Antwort ist vielschichtig und in vielen Fällen fehlen mir einfach die Zeit und die Lust, diese Frage erschöpfend zu beantworten. Für mich persönlich gibt es drei Hauptmotive, jedes für sich hat eine eigene Qualität und zusammen liefern sie die besondere Energie, die notwendig ist, um diese extremen sportlichen Herausforderungen, denen ich mich im Laufe meiner Karriere gestellt habe, erfolgreich zu meistern.

Die Basis ist die Leidenschaft für den Sport, die Lust an der Bewegung. Und natürlich diese Leidenschaft für das Rennradfahren. Wenn ich, reduziert auf das Wesentliche – Rahmen, Laufräder, Pedale, Lenker und Sattel – dahinrolle, das Surren der Laufräder und des Antriebssystems höre, den Fahrtwind auf der Haut spüre, mich mit schnellen, rhythmischen Tretbewegungen fortbewege, dann hat das beinahe etwas Meditatives. Mehr noch, dann bin ich mit mir im Reinen, mit jedem gefahrenen Kilometer entferne ich mich immer mehr vom Alltagstrott, ich erlebe ein Glücksgefühl, das in einen Flowzustand übergeht, bei dem es nur mehr das Hier und Jetzt gibt und ich vollkommen in der mich umgebenden Natur aufgehe. In diesen Momenten gibt es kein Gestern und kein Morgen.

Selbst bei harten Trainingsintervallen, wenn ich an die Grenzen meiner physischen Belastbarkeit gehe, oder in schwirigen Rennsituationen, wenn ich nicht nur an meine physischen, sondern auch an meine psychischen Grenzen stoße, versuche ich, die Erinnerung an dieses Gefühl zu aktivieren. Neben der Fokussierung auf das Ziel, neben meinem Willen und meiner Widerstandsfähigkeit hilft mir der Gedanke an dieses besondere Glücksgefühl über qualvolle Situationen hinweg.

Ich bin mir sicher, jeder ambitionierte Hobbyrennradfahrer, der regelmäßige Ausfahrten unternimmt, weiß um diese besondere Faszination des Rennradfahrens.

Ein weiterer wichtiger motivierender Faktor ist das Ausloten meiner Grenzen. Wie weit kann ich gehen? Welche extremsportlichen Herausforderungen kann ich noch bewältigen? Das ist vielleicht vergleichbar mit dem Drang vieler Bergsteiger, immer schwierigere Gipfel zu erklimmen. Es ist der Drang nach Entwicklung. Im Grunde genommen ist es für mich etwas Selbstverständliches, seine Talente und Begabungen, so man das Glück hat, sie zu erkennen, weiterzuentwickeln und zu fördern. Das gilt nicht nur für den (extrem-)sportlichen Bereich, sondern natürlich auch für künstlerisch-kreative, handwerkliche, sozial-kommunikative oder andere berufliche Bereiche oder Hobbys. Und mein besonderes Talent ist

Rennszene vom Race across the Alps (RATA)

Leidenschaft Bergfahren

es offensichtlich, über viele Stunden körperliche Höchstleistungen zu erbringen und daraus Lebenssinn zu schöpfen.

Es ist allerdings nicht so, dass ich eines Tages aufgewacht bin und den Entschluss gefasst habe, mich im Extremradsport zu versuchen. Nichts deutete darauf hin, ganz im Gegenteil. In meiner Kindheit und Jugend spielte der Sport zwar eine große Rolle. Im Winter dominierte für mich als Bub in Tirol natürlich das Schifahren, ansonsten spielte ich leidenschaftlich gerne Fußball. In beiden Sportarten wurde mir Talent attestiert. Im Fußball war ich technisch versiert und sprintstark, allerdings hatte und habe ich ein ziemliches Handicap: eine extreme Kurzsichtigkeit. Momentan liege ich bei 19 Dioptrien. Damals war es zwar noch nicht so schlimm, allerdings schlimm genug, um diesen Sport, der eine blitzschnelle Raumorientierung und einwandfreies Tiefensehen erfordert, nicht so ausüben zu können, wie ich mir das erträumt hatte.

Ich spielte bis Mitte der 90er-Jahre in meiner Freizeit Fußball beim FC Axams, zuletzt in der Regionalliga West. Ich war nicht besonders ehrgeizig, für mich war es sensationell, in der dritthöchsten österreichischen Spielklasse dabei sein zu können! Nicht nur das, es gab auch noch Geld dafür: Auf einmal gab es Punkteprämien, bar auf die Hand. Zwar nicht viel, vielleicht umgerechnet 50 Euro, für mich aber heute noch unglaublich. Denn als Radsportler fährt man tausende Kilometer, bei Regen, bei Schnee, bei Dunkelheit, bei Gegenwind, mit drei Paaren Handschuhen übereinander, um der Kälte zu trotzen, und man bekommt nichts. Ein drittklassiger Fußballer bekommt als Mitläufer, mit relativ wenig Leistung, relativ viel. Die Prämien setzte ich meistens sofort in der Sportplatzkantine um.

Mein damaliger Trainer beim FC Axams, die Fußballlegende Waldemar Graciano, besser bekannt unter seinem Künstlernamen „Jacaré", der in den 60er-Jahren des vorigen Jahrhunderts erstmals brasilianischen Flair bei der Wiener Austria verbreitete und den die Liebe nach seiner aktiven Karriere nach Tirol verschlug,

meinte nach meinen ersten Erfolgen im Langstreckenradsport: „Gigi, wenn du als Fußballer so viel trainiert hättest wie als Radsportler, dann wärst du beim FC Barcelona gelandet." Bei seinem damaligen Trainerkollegen, dem ehemaligen Tiroler Fußballprofi Hans Trenkwalder, erntete ich regelmäßig Unverständnis, wenn er von meinen kommenden radsportlichen Herausforderungen erfuhr: „Gigi, du spinnst, was hast du jetzt schon wieder vor?"
(Anm.: Gigi war mein Spitzname als Fußballer, mit dem mich Jacaré in Anlehnung an den Italiener Luigi „Gigi" Riva, einen der weltbesten Stürmer der 60er-Jahre, adelte. An meinem fußballerischen Talent kann die Namensgebung allerdings nicht gelegen haben.)

Mein Lebenswandel war alles andere als sportlich. Ich rauchte durchschnittlich zwei Packungen Marlboro am Tag, genoss die Tiroler Hausmannskost im Übermaß, lebensfroh und leutselig, wie ich nun mal bin, genehmigte ich mir in geselliger Runde auch gern das eine oder andere Bierchen zu viel, ein paar überschüssige Kilo polsterten meine Hüften.

Diesen wenig vorbildhaften Lebensstil pflegte ich bis zu meinem 30. Lebensjahr. Meine Fußballkarriere neigte sich dem Ende zu. Meine Beine schmerzten bereits, wenn ich die Fußballschuhe zum Training oder zum Wettbewerbsspiel schnürte und signalisierten mir Rebellion, so als wollten sie mir sagen: Franz, es reicht! Der Gedanke an die vielen Hartplätze, die meine Füße in Kombination mit den mit Eisenstoppeln bewehrten Fußballschuhen malträtierten, bereitet mir heute noch Unbehagen.

Eine Beziehungskrise mit meiner damaligen Ehefrau mündete in die Scheidung, ich wurde meiner überdrüssig, kurz gesagt, ich hatte den Blues und das ziemlich heftig. Ich spürte, dass ich etwas ändern musste. Nur was genau?

Eine schicksalshafte Begegnung im Hallenbadrestaurant von Axams war der Wendepunkt. Man könnte meinen, dass es romantischere Orte gibt, um die Liebe seines Lebens zu finden. Aber alleine die Erinnerung daran lässt das eher nüchterne Hallenbad-Gastroambiente in einem strahlenden Licht erscheinen. Und das nach mehr als 20 Jahren. Ich lernte an besagter Bar Karin kennen, die mich sofort mit ihrem Charme, ihrer Klugheit, ihrem Witz und ihrer Attraktivität in den Bann zog. Karin ist meine Lebenspartnerin und Ehefrau, die mich seit dieser Begegnung in meinem Tun unterstützt, für Halt und Stabilität in meinem Leben sorgt und mich vor allem so liebt, wie ich bin. Bis zur Geburt unseres Sohnes Luca hat sie mich zu jedem Rennen begleitet.

Mein letztes Bewerbspiel im Fußball war ein Cupspiel gegen den oberösterreichischen Traditionsclub Vorwärts Steyr. Beim Überqueren der Straße zum Fußballplatz rauschte ein Rennradfahrer an mir vorbei. Ich sah ihm nach, war tief beeindruckt und dachte: Der schaut aber lässig aus, ein tolles Benotti-Rennrad, eine schicke Raddress, coole Sonnenbrillen, Adidas-Stirnband (Radhelm war damals noch kein Thema) und zu all dem – Rennradfahren verursacht weder schmerzende Beine durch eisenbenoppte Schuhe, noch gibt es körperbetonte Zweikämpfe. Das wird mein Sport!

Ein Fußballkollege war weniger beeindruckt, als ich ihm davon erzählte und meinte: „Radfahren ist nur etwas für Schwule und Idioten." Ich wertete das als Einzelmeinung und möchte hier nicht das Klischee vom unreflektierten, vorurteilsbehafteten Fußballer strapazieren, das zu jener Zeit in gebildeten Kreisen verbreitet war. Jedenfalls konnte er mich nicht von meinem Entschluss abbringen.

Ich kontaktierte „Pfitschn Heinz", einen ehemaligen Radrennfahrer, der in den 70er-Jahren zu Zeiten der österreichischen Radsportlegenden Wolfgang Steinmayr und Rudi Mitteregger so manchen Sieg einfuhr, und bat ihn, mit mir eine Ausfahrt zu machen.

Es war für mich eine große Ehre, mit einem ehemaligen Tiroler Radsportidol eine Runde zu drehen. Er fuhr mit einer Bianchi-Rennmaschine, ich war mit einem Trekkingrad technisch etwas „underdressed". Wir fuhren die Strecke Leutasch–Walchensee und retour. Nach diesen rund 70 Kilometern fühlte ich mich wie ein Etappensieger bei der Tour de France. Auch Heinz war von meiner

Leistung beeindruckt und er meinte: „Franz, du musst unbedingt aufs Rad!" Ich sollte ihn nicht enttäuschen.

Eine Woche später war ich Gründungsmitglied des Radsportklubs „Freizeitverein Axams". Vereinsobmann wurde klarerweise der Wirt des Freizeitzentrums, zugegebenermaßen auch eine strategische Besetzung, denn wir sind ja gesellig und wollten uns nach dem Training ein, zwei Bier gönnen. Das waren die Anfänge meiner Radsportleidenschaft. Meine Vereinskollegen und ich sind mit dem Mountainbike drei- bis viermal pro Woche auf umliegende Almen gefahren. Als Höhepunkt der ersten Saison wurde kurzfristig der Ötztalradmarathon auserkoren. Schon damals einer der schwierigsten Radmarathons Europas, ein Mythos und „Gottseibeiuns" unter vielen Radsportlern. Die Strecke führte, so wie heute, über vier Pässe mit 238 Kilometern und insgesamt 5 500 Höhenmetern. Aber dazu später.

Ausgehend von einer persönlichen Krise wurde vor über 20 Jahren ein Keim gelegt, der sich rasch entwickelte und sich zu einer sportlichen Karriere auswuchs, die seither mein Leben und meine Persönlichkeit prägen.

Zurück zu meiner Motivation, Extremradsport zu betreiben. Es waren weniger narzisstische Beweggründe, wie etwa der Drang, sich mit außergewöhnlichen Leistungen selbst zu bestätigen oder vielleicht andere zu beeindrucken, ausschlaggebend. Selbstverständlich war ich nach jedem Erfolg sehr stolz und genoss die Anerkennung. Mit den Erfolgen kommt der Wunsch nach weiteren Erfolgen und Herausforderungen. Wenn man einmal gewinnt, möchte man ein zweites Mal gewinnen. Wenn man zweimal gewinnt, kann man nicht genug bekommen.

Nicht nur Hobbypsychologen vermuten hinter sportlichen Extremleistungen den unbewussten Versuch, einen Selbstwertmangel zu kompensieren. Natürlich gab es auch in meiner Entwicklung Kränkungen und Defizite. Am Ende meiner Hauptschulzeit war es mein sehnlichster Berufswunsch, Sportlehrer zu werden, und ich hätte mir diesen Weg durchaus zugetraut. Mein damaliger Klassenlehrer, den ich sehr bewunderte, riet aber eindringlich davon ab: „Vergiss das, Franzi, dazu bist du zu blöd."

Es ist nachvollziehbar, dass ich verunsichert und in meinem Selbstwert verletzt war. Ich war klein, schüchtern und kurzsichtig. Die Pädagogik zu dieser Zeit war wenig feinfühlig und auf Zucht, Ordnung und Gleichförmigkeit ausgerichtet. Die Förderung von individuellen Kompetenzen und Begabungen der Schulkinder war noch kein Thema.

Des Öfteren habe ich damit gehadert und mir die Frage gestellt, wie mein Leben verlaufen wäre, wenn solche entscheidenden Weichenstellungen anders verlaufen wären.

Letztendlich bin ich zur Erkenntnis gelangt, dass es müßig ist zu hadern, denn ich kann die Vergangenheit nicht mehr ändern. Ich kann aber das Hier und Jetzt gestalten, mit meinen Fähigkeiten, meiner Persönlichkeit, meinem Ehrgeiz und meinen Träumen, auf der Grundlage meiner positiven und negativen Lebenserfahrungen.

Wenn erlittene Kränkungen und subjektiv empfundene Unzulänglichkeiten eine Haupttriebfeder für meinen Weg in den Extremradsport gewesen wären, so wäre ich vermutlich relativ rasch ausgebrannt wie ein Komet, der in die Erdatmosphäre eintritt. Ich wäre möglicherweise zunehmend verbittert geworden angesichts der Aufgaben, die ich zu bewältigen hatte: Familie, Vollzeitjob, tägliches Training und der Rennkalender.

Neben der Leidenschaft für das Rennradfahren und dem intuitiven Drang, die eigenen Begabungen und Talente weiterzuentwickeln, kam nach den ersten Erfolgen noch ein zusätzlicher Aspekt hinzu: Leistungsdruck und Verantwortungsbewusstsein.

Natürlich fühlte ich mich meinen Sponsoren und Förderern verpflichtet, die mir die Realisierung meiner Ziele mit ihrer materiellen Unterstützung erst ermöglichen. Für das Race Across America im Jahr 2002 beispielsweise stand ein Budget von rund 37 000 Euro zur Verfügung, das durch Sponsoren finanziert wurde. Ein Scheitern, ein Aufgeben hätte ich mir vermutlich nie verzeihen können. Und dann die Verantwortung gegenüber dem Team, das mich bei der Vorbereitung und Durchführung der Rennen unterstützt. Das an mich glaubt, mit mir leidet, mich antreibt und mit mir triumphiert. Die Teammitglieder, die ihre Freizeit opfern, ehrenamtliche Helfer, Freunde und Kameraden im wahrsten Sinne des Wortes. Denn auch als Extremradsportler ist man kein Einzelkämpfer, man steht zwar im Rampenlicht und ist für Sieg oder Niederlage verantwortlich. Aber ohne ein perfekt abgestimmtes Team ist man nichts. Das Team hält mir den Rücken frei und schafft erst die Voraussetzung für das Wesentliche: möglichst schnell mit möglichst wenig Energie über lange Distanzen mit dem Rennrad zu fahren. Ich empfinde den Leistungsdruck nicht als hemmend, sondern als zusätzlichen Ansporn, das Letzte zu geben.

Materielle Anreize spielen als Motivator eine untergeordnete Rolle. Wiewohl ich meinen Hauptwohnsitz nach Malibu im sonnigen Kalifornien verlegt habe, weil ich so viel Geld mit meinen Erfolgen gescheffelt habe, dass ich bis zum Ende meiner Tage ausgesorgt habe.

Natürlich ein Scherz, Malibu ist nur in meinem Facebook-Account der fiktive Wohnort und mit Extremradsport lässt sich nicht wirklich viel Geld verdienen. Bei den meisten Extremradsportrennen in Europa gibt es „Blechhäfn", sprich Pokale, und einen Händedruck zu gewinnen. Bei einigen wenigen Klassikern gibt es ein schönes Preisgeld und wenn man sehr, sehr erfolgreich ist, gibt es da und dort auch ein gutes Startgeld. Beim Raid Extreme Provence Ultraradmarathon in Südfrankreich beispielsweise erhält der Sieger des Einzelrennens 5 000 Euro Preisgeld. Wenn man bedenkt, dass man Fahrtkosten, Reisespesen, Verpflegung und Hotelkosten für drei Betreuer für rund eine Woche in der Provence, einem der teuersten Pflaster in Frankreich, finanzieren muss, dann bleibt von diesem schönen Preisgeld nicht mehr viel übrig. Vielleicht noch eine lustige Anekdote zum Thema Preisgeld: In meiner Anfangszeit nahm ich an einer Südtirolrundfahrt teil. Bei der ersten Etappe wurde ich Dritter, die zweite Etappe war ein Zeitfahren über 20 km, das ich gewonnen habe. Bei der abschließenden Preisverleihung erhielt ich zwei Kartons Südtiroler „Golden Delicious"-Äpfel, zwei Kartons Lagrein, Schokolade und auch noch Schnaps vom Roner, einer der bekanntesten Destillateure aus Tramin in Südtirol. Ich hatte auf der Rückfahrt im Auto zwar keinen Platz für meine beiden Rennräder, dafür jede Menge Äpfel, Wein und Schnaps.

Mit dieser Sportart wird man nicht reich, man übt sie aus Enthusiasmus und Leidenschaft aus. Für mich ist Extremradsport eine Lebensphilosophie, die meinem Wesen und meinen Begabungen entspricht. Durch meine Erfolge habe ich allerdings die Voraussetzung geschaffen, um mir durch Vorträge, die Durchführung von Radsportcamps und durch Sportcoaching ein zweites berufliches Standbein aufzubauen, das ich nun stärker forcieren möchte.

Der Ritterschlag des Radfahrers

Der Wirt des Freizeitzentrums und Obmann unseres Radsportvereins in Personalunion animierte uns zur Teilnahme am Ötztalradmarathon 1992: „Wenn's gscheit tuat's, fohrt's den Ötztalmarathon, der isch nächschte Wochn." Norbert, Vereinskollege und Banker, klopfte mir optimistisch auf die Schulter: „Fraunz, do fohr ma mit, desch isch koa Problem." Gesagt, getan. Wir fühlten uns gut vorbereitet, waren wir doch in den letzten Wochen viel mit dem Mountainbike unterwegs. In Summe werden es wohl etwa 250 Trainingskilometer und einige tausend Höhenmeter gewesen sein. Das war nichts im Vergleich zu der gewaltigen Herausforderung, die uns bevorstand. Dies war uns allerdings nicht bewusst und wir waren wohl zu optimistisch. Noch einmal die furchterregenden Eckdaten: 238 km, 5 500 Höhenmeter über vier Alpenpässe. Das Streckenprofil ähnelt den härtesten Königsetappen des Giro d'Italia oder der Tour de France. Start und Ziel war noch nicht in Sölden, sondern im Innsbrucker Olympiastadion, in dem 1964 und 1976 die Olympischen Winterspiele stattfanden. Bei den Vorbereitungen kurz vor dem Start fühlte ich mich wie ein Teilnehmer an einer Rad-Weltmeisterschaft. Unser Ziel war, das Rennen als Finisher zu beenden.

Am Start drängte ich mich in die erste Startreihe, um im Spitzenfeld loszufahren, rechts neben mir standen Rudi Mitteregger, mehrfacher Gewinner der Österreich-Radrundfahrt und Radsportidol der 70er-Jahre, und Gilbert Claus, ehemaliger Schweizer Radprofi und Sieger des Langstreckenklassikers Trondheim–Oslo über 540 km. Diese beiden Superstars wurden von Othmar Peer, Promoter und Sprecher des Ötztalradmarathons, kurz vor Rennbeginn interviewt. Daneben ich mit rosarotem Mountainbike und einer Raddress, die man den Modeverwirrungen der 90er-Jahre entsprechend als Papageienkollektion beschreiben konnte.

Man kann mein Engagement, in die erste Startreihe zu drängen, als überzogen ansehen, doch eine gewisse Selbstüberzeugung und eine gesunde Portion Selbstbewusstsein ist in einer Einzelsportart sicher kein Nachteil. Es folgte der Start, und es kam, wie es kommen musste. Nach 500 m war ich allein auf weiter Flur und sah den Hinterrädern hunderter Rennräder hinterher. Von Innsbruck ging es über das Sellraintal Richtung Kühtai. Es setzte Regen ein und anstelle einer Regenjacke hatte ich nur ein grünes Sweatshirt dabei. Bei der Abfahrt vom Kühtai war dies steifgefroren. Die Fahrt durch das Ötztal Richtung Sölden brachte nur kurz Erholung. Die Auffahrt zum Timmelsjoch wurde von Regenschauern, eisigem Wind und Schneefall im oberen Bereich der Passstraße begleitet. Auf der Passhöhe an der Grenze zu Südtirol war ich vollkommen durchgefroren, die Abfahrt ins Passeiertal war so für mich unmöglich. Doch Aufgeben kam nicht in Frage. Ein italienischer Zöllner borgte mir auf mein Versprechen hin, die Sachen wieder zurückzubringen, seinen Uniformmantel und seine Winterhandschuhe, die mir drei Nummern zu groß waren. Ein skurriler Anblick: die Abfahrt vom Timmelsjoch auf dem rosa Mountainbike mit Militärmantel und Winterhandschuhen. Es war die Rettung, denn es ging weiter. Am Nachmittag, bei der Rückfahrt nach Innsbruck über den Jaufenpass und den Brenner, beruhigte sich das Wetter. Es gab jedoch ein weiteres Problem. Mein Ernährungskonzept, gebratene Hendlhaxen, Wurstsemmeln, Käsesemmeln, alles in Alufolie verpackt und in den Trikottaschen verstaut, Kuchen an den Verpflegungsstationen und durch die niedrigen Außentemperaturen eisgekühlte Getränke in den Trinkflaschen, erwies sich als nicht zielführend. Im Gegenteil, der Schuss ging im wahrsten Sinne des Wortes nach hinten los! Ich bekam Durchfall.

Nach zwölf Stunden 50 Minuten schleppte ich mich schlussendlich ins Ziel, meine Arbeitskollegen empfingen mich mit einem Lorbeerkranz und ich realisierte den Stellenwert des Ötztalradmarathons. Von der „Siegerprämie", einer Riesenpizza und einem Weißbier im Vereinslokal, konnte ich nur homöopathisch geringe Dosen zu mir nehmen, denn ich hatte das Gefühl, dass jede Zelle in meinem Körper rebellierte.

Ich hatte es geschafft und ich hatte Feuer gefangen. Rückblickend stellt sich diese Grenzerfahrung so dar, als hätte ich schwimmen gelernt, indem ich ins tiefe, eiskalte Wasser sprang.

Aber es machte dennoch Spaß und ich war überzeugt, dass es schneller ginge, wenn ich einige Regeln befolgte: systematisches Training, bessere Ernährung und geeignete Bekleidung. Ich krempelte mein Leben um, gab das Rauchen und den Alkohol auf und legte mir ein Zeitmanagement zurecht.

Ich kaufte mir ein tolles blaues Carbon-Rennrad, da ich erkannte, dass ich mit dem Mountainbike auf der Straße nur hinterherfahren würde.

Im nächsten Jahr (1993) nahm ich erneut am Ötztalradmarathon teil. Der Start war diesmal bereits in Sölden, die Strecke führte in die umgekehrte Richtung, also zuerst über das Timmelsjoch, den Jaufenpass, den Brenner, über die Römerstraße nach Innsbruck und über das Kühtai zurück in das Ötztal nach Sölden. Ich war mit einigen tausend Trainingskilometern wesentlich besser vorbereitet und wollte wissen, wie weit es nach vorne ging. Am Start war auch ein gewisser Franz Schreiner, Urgestein des Tiroler Amateurradrennsports und mittlerweile 60 Jahre alt. Meine Vereinskollegen prognostizierten, dass Franz Schreiner vor mir den Ötztalradmarathon beenden würde. In meinem Leichtsinn erwiderte ich, dass ich in diesem Fall mein tolles Carbon-Rennrad mit dem Winkelschleifer zerkleinern würde.

Erst am Kühtai überholte ich Franz Schreiner und hatte es dann wirklich sehr, sehr eilig, um nach neun Stunden und zwei Minuten knapp vor diesem reifen Herrn das Ziel zu erreichen.

Das zeigt, dass man im Ausdauersport auch noch im höheren Alter erfolgreich sein kann. Vorausgesetzt, man lebt gesund und trainiert entsprechend.

Norbert, mein damaliger Trainingspartner, der mich schon bei meinem Ötztaler-Debüt begleitet hatte und ich nahmen im darauffolgenden Jahr an einer internationalen Radmarathonserie für ambitionierte Hobbyfahrer, dem GONSO-Radmarathon Europacup, teil. Diese Rennserie bestand aus zehn Einzelrennen und führte uns nach Belgien, Deutschland, der Schweiz und Österreich. Unser Ziel war zu finishen, was uns in jedem Rennen gelang, wiewohl wir nirgends um den Sieg mitfahren konnten. Ich habe gesehen, dass es vorwärts geht und zog daraus die Schlussfolgerung: Wenn ich diese Radmarathons schaffe, kann ich mich auch in einem 12-Stunden-Rennen versuchen. Die sportlichen Wege von Norbert und mir trennten sich, da Norbert mit der Teilnahme an Jedermann-Marathons sein Auskommen fand. Ich hatte andere Ziele und steigerte die Trainingsumfänge, da ich mich an längeren Distanzen versuchen wollte. Ich organisierte eine Staffel für ein 12-Stunden-Rennen, später bewältigte ich ein 12-Stunden-Rennen als Solofahrer, der nächste Schritt war ein 24-Stunden-Rennen und so habe ich mich langsam, aber konsequent zum Extremradsport hin entwickelt. Es hat mir Freude gemacht und ich erkannte, dass es nicht schädlich war, an 24-Stunden-Rennen teilzunehmen, wenn man es richtig machte.

Ich habe die Erfahrungen aus all diesen Rennen autodidaktisch in die Trainingssteuerung, die Ernährung, die Materialauswahl und die Fahrtechnik einfließen lassen und mich so kontinuierlich weiterentwickelt.

Vielleicht an dieser Stelle ein kurzer Exkurs zum Trainingsaufbau: Ich halte nichts von generalisierten Trainingsplänen, wie sie von diversen Trainern oder Instituten für leistungsorientierte Sportler angeboten werden. Ich stand vor der Aufgabe, meine sportlichen Ambitionen mit einem Vollzeitjob und einer Partnerschaft zu vereinbaren und ging meinen eigenen Weg, indem ich mich dazu entschloss, die Trainingssteuerung selbst in die Hand zu nehmen. Ich bin im Laufe der Jahre zur Erkenntnis gelangt, dass ein Trainer sehr viel Gespür für die Persönlichkeit und für leistungsrelevante Stärken und Schwächen des Athleten benötigt, um ihn letztendlich mit einer geeigneten Strategie kontinuierlich zur Leistungssteigerung hinzuführen. Neben den Trainingsschwerpunkten, in Abhängigkeit von der Wettkampfplanung, sind auch die Auseinandersetzung mit mentalen Aspekten, mit motorisch-koordinativen Besonderheiten und Ernährungsfragen weitere Puzzleteile, die für ein optimales individuelles Coaching wesentlich sind. Meines Erachtens können das nur ganz wenige und auf die Gefahr hin, dass es jetzt überheblich klingt: Ich gehöre dazu. Ich habe eine besondere Wahrnehmungsfähigkeit zu erkennen, was ein Sportler braucht bzw. in welche Richtungen er sein Training forcieren sollte.

Rund sieben Jahre nach meinem Ötztaler-Debut gewann ich den Glocknerman, einen prestigeträchtigen Ultraradmarathon. Damals mit einer Streckenlänge von knapp 1 000 km, das ist ungefähr die Distanz zwischen Hamburg und Wien, hinzu kamen noch 12 000 Höhenmeter. Start und Ziel waren in Graz, dazwischen ging es über den Großglockner. Unter einem Ultraradmarathon versteht man Langstreckenrennen über eine Distanz von mehr als 500 km, was schon einiges über die enormen physischen und psychischen Belastungen aussagt.

Ich versuchte mich in dieser Zeit auch in einer anderen Radsportdisziplin: Ich nahm an internationalen Eliterennen in Österreich teil. So fuhr ich beim traditionellen Saisonauftakt der Radrennfahrer in Ansfelden, beim Kirschblütenrennen in Wels oder auch beim Hungerburg-Classic, einem Bergzeitfahren in Innsbruck. Man konnte diese Rennen in mehrfacher Hinsicht nicht mit Hobbyradmarathons oder auch Ultraradmarathons vergleichen. Hier war die österreichische Profiszene am Start, die Geschwindigkeit im Fahrerfeld war wesentlich höher, der Rennverlauf war hektischer und unberechenbarer, mit zahlreichen Tempowechseln und Ausreißversuchen von Einzelfahrern oder Gruppen und taktischem Geplänkel der einzelnen Teams. Ich fuhr im Feld mit, hielt den Lenker verkrampft fest, um keinen Fehler im Pulk zwischen den erfahrenen Profis und den jungen Talenten zu machen. Es war brutal, über eine Distanz von knapp 100 km eine Durchschnittsgeschwindigkeit von über 45 km/h zu fahren. Überrascht, dass ich doch mithalten konnte, erkannte ich bald, dass ich hier ohne Team keine Zukunft hatte und beendete so den Ausflug zu den Elitefahrern nach nur einer Saison. Nichtsdestotrotz konnte ich daraus wertvolle Erfahrungen für den Extremradsport schöpfen.

Ich suchte eine besondere Herausforderung, um meine Grenzen weiter auszuloten. Ich entwickelte einen Traum, der in meinem Hinterkopf schlummerte und von dem zum damaligen Zeitpunkt noch niemand wissen durfte. Meine Gedanken kreisten immer häufiger um ein Ziel: „Ich fahre das Race Across America und ich werde entschlossen an diesem Ziel arbeiten. Bis dahin liegt aber noch ein weiter, harter Weg vor mir."

Als Ouvertüre auf dem Weg zu diesem Ziel hatte ich die Idee, den Ötztalmarathon zweimal zu fahren. Nicht zweimal in einer Woche, auch nicht zweimal in zwei Tagen, sondern zweimal nonstop innerhalb von 24 Stunden. Wahrscheinlich kommt kein anderer auf die verrückte Idee, diese Tortur öfter als einmal auf sich zu nehmen.

Ich kontaktierte die Organisatoren des Ötztalmarathons aus dem Wipptal, die zu jener Zeit den Marathon veranstalteten, und konnte mit Rossignol, dem französischen Sportartikelhersteller, einen potenziellen Hauptsponsor für diese Aktion einbringen. Die Wipptaler fragten wiederum bei Othmar Peer an, was er denn von der Idee halte, dass ein gewisser Franz Venier den Ötztaler 1999, sozusagen als Side-Event zum eigentlichen Rennen, zweimal nonstop fahre. Othmar Peer, ein Radsportenthusiast war sehr interessiert und wir einigten uns – das Projekt „Ötzi im Doppelpack" war geboren. Othmar promotete diese Geschichte, das Interesse der Medien und der Öffentlichkeit war enorm. Sie stellten sich die Frage: „Was ist das für ein verrückter Tiroler, der den Ötztaler innerhalb von 24 Stunden zweimal hintereinander fährt? Ist das überhaupt zu schaffen? Sind die körperlichen Belastungen des ‚normalen' Marathons nicht bereits gesundheitsschädlich, wie sieht das dann bei diesem Wahnsinnsprojekt aus?" Diese Fragen wurden diskutiert, es gab viele Skeptiker, die Kronen Zeitung schrieb: „Axamer klettert über den Gipfel des Mount Everest", wobei sie natürlich die Höhenmeter meinte.

Ich fühlte mich gut vorbereitet, hatte viele Trainingskilometer in den Beinen und war bereits bei Radmarathons und Ultraradmarathons erfolgreich gewesen. Darüber hinaus beschäftigte ich mich seit dem Desaster mit Hendlhaxen & Co. intensiv mit sportspezifischer Ernährung und richtiger Bekleidung. Ich war der Ansicht, für alle außergewöhnlichen Situationen vorgesorgt zu haben. So war ich mit dem Aufbau eines Betreuerteams beschäftigt, das mich in zwei Begleitfahrzeugen begleiten sollte.

Die Aufgaben des Teams waren vielfältig: die Bereitstellung der Verpflegung entsprechend dem Ernährungsplan, die Unterstützung beim Bekleidungswechsel, der Transport der Ersatzteile und der sonstigen Ausrüstung, Informationen über die Wetterentwicklung und natürlich die Aufmunterung und Motivation.

Dr. Rudolf Pfister vom Institut für Sport und Kreislaufmedizin der Universitätsklinik Innsbruck wurde beigezogen und überprüfte mittels eines Belastungstests und der Analyse entsprechender Blutparameter meinen Gesundheitszustand. Er war ob meiner Fitness beeindruckt und gab grünes Licht. Mehr noch, er war überzeugt, dass ich aufgrund meiner körperlichen Voraussetzungen diese Herausforderung ohne gesundheitliche Risiken und Beeinträchtigungen meistern würde. Vor dem Start wurde mir doch etwas mulmig zumute. Schaffte ich es ohne Defekte, ohne Stürze, ohne Magen- und sonstige gesundheitliche Probleme und vor allem, würde das Wetter halten? Im Hochgebirge ist ein Wintereinbruch Ende August nichts Ungewöhnliches.

Es war genug der Diskussionen und Spekulationen, jetzt kamen endlich die Stunden der Wahrheit.

Der Start erfolgte am 28.8.1999 um 16.00 Uhr in Steinach am Brenner, es ging Richtung Jaufenpass, hinunter in das Passeiertal, hinauf zum Timmelsjoch, hinunter nach Sölden, das Ötztal talauswärts, über das Kühtai nach Innsbruck und wieder hinauf nach Steinach, und das zwei Runden, also 476 km und 11 000 Höhenmeter. Auf den Passhöhen erfolgte jeweils ein Bekleidungswechsel, um bei den Abfahrten nicht zu sehr auszukühlen, in den Tälern das gleiche Spiel umgekehrt, um nicht zu überhitzen, dazwischen ausreichend trinken und essen.

Erschwerend waren die Wetterbedingungen, bei der ersten Auffahrt zum Timmelsjoch setzte Regen ein, Nebel behinderte die Sicht und die Temperaturen sanken auf den Gefrierpunkt. Gegen Mitternacht erreichte ich nach der Abfahrt vom Kühtai Axams, meine Wahlheimat, wo mich hunderte Fans empfingen und frenetisch bejubelten. Ich machte eine kurze Pause, um mich bei ihnen zu bedanken. Weiter ging es zurück nach Steinach am Brenner, die zweite Runde begann. Es war zwar vereinbart, dass ich zu einem Gesundheitscheck ein kurzes Intermezzo im medizinischen Zelt einlegte, doch ich fühlte mich gut und wollte den Rhythmus nicht verlieren, also fuhr ich weiter.

Die äußeren Bedingungen verschlechterten sich zusehends. Vor dem zweiten Aufstieg zum Jaufenpass herrschte dichter Nebel, die Sichtweite betrug nur rund 20 Meter, durch meine Sehschwäche ein doppeltes Handicap. So musste ich das Tempo drosseln und ich wies das Begleitfahrzeug an, vor mir zu fahren, um mich quasi durch den Nebel zu lotsen. Die immer wiederkehrende Kälte, der Nebel in der Finsternis, die ständige Feuchtigkeit zermürbten mich und zehrten nach mehr als zwölf Stunden Fahrzeit an der Substanz.

Doch die Bedingungen wurden endlich besser, auf der Südseite des Jaufenpass war die Sicht wieder klar und die Straße trocknete zunehmend. Bei der Auffahrt zum Timmelsjoch erlebte ich einen wunderbaren Sonnenaufgang, der das atemberaubende Bergpanorama der Ötztaler und Stubaier Alpen in helloranges Licht goss. Ein Anblick, den ich nie vergessen werde. Er entschädigte mich für die Widrigkeiten der vergangenen Nachtstunden und motivierte mich für das letzte Viertel des Ötzi-Doppelpacks.

In Oetz machte ich nochmals eine kurze Verpflegungspause und gab eines von mehreren Liveinterviews für lokale und regionale Radio- und Fernsehsender, die laufend von meiner Herausforderung berichteten.

Im Bewusstsein, es bald geschafft zu haben, bewältigte ich den letzten Anstieg zum Kühtai mit seinen giftigen, bis zu 18 % steilen Rampen. Nach rund 400 km und 10 000 Höhenmetern rollte ich hinunter nach Axams, wo mich wieder zahlreiche Bekannte und Freunde anfeuerten. Unter dem Beifall tausender Zuschauer, die bereits auf den Sieger des klassischen Ötztalmarathons warteten, erreichte ich nach 20 Stunden 48 Minuten das Ziel in Steinach am Brenner.

Ich bin mir sicher, dass ich es ohne die vielen Stopps zu Ehren meiner Fans und ohne die Unterbrechungen für die Interviews um rund drei Stunden früher geschafft hätte.

Das Ergebnis eines abschließenden medizinischen Tests fasste Dr. Günter Neumayer (Institut für Sport und Kreislaufmedizin der Universitätsklinik Innsbruck) zusammen:

„Der Franz ist ein Ausnahmeathlet mit einer ausgezeichneten Langzeitausdauerkondition, der diese Langzeitbelastung ausgezeichnet verkraftete. Die Laboruntersuchungen zeigen, dass es ihn kaum stresste, die Entzündungsparameter sind nur unwesentlich angestiegen, auch die Muskelenzymparameter sind nur im erwarteten Bereich angestiegen, die Nierenfunktion und der Elektrolythaushalt sind gleich geblieben, auch der viel diskutierte Hämatokritwert ist unverändert, was zeigt, dass er sich flüssigkeitsmäßig sehr gut ernährt hat."

Damit wurde meine Begabung, über lange Zeit körperliche Höchstleitungen vollbringen zu können, sozusagen auch amtlich bestätigt.

Ich habe mir mit der Bewältigung dieser Herausforderung, der sich vorher noch niemand gestellt hatte, einen Traum erfüllt. Zudem erreichte ich in Tirol einen hohen Bekanntheitsgrad und avancierte zum „Local Hero", zum „wilden Hund", der zu außerordentlichen sportlichen Extremleistungen fähig ist.

Der „Ötztaler" hat mich seither nicht mehr losgelassen, ich habe zwar an keinem Ötztalmarathon mehr teilgenommen, allerdings fahre ich diese Strecke, sobald die Timmelsjoch-Hochalpenstraße ab ca. Anfang Juni geöffnet ist, rund acht bis zehn Mal pro Jahr zu Trainingszwecken. Dahinter steht auch eine trainingstaktische Überlegung: Wenn ich über dem „Timmel" bin, muss ich, um wieder heimzukommen, in Südtirol über den Jaufenpass zurückfahren, es ist wie eine Einbahnstraße. Fahre ich unten im Inntal, ist die Versuchung groß, die Trainingsrunde zu verkürzen, weil ich vielleicht müde bin oder der innere Schweinehund mit anderen Versuchungen lockt. Durch die über die Jahre gewonnene Vertrautheit zum „Ötztaler" spreche ich heute nicht mehr von vier zu überquerenden Alpenpässen, sondern verniedlichend von „vier Bodenwellen".

Für mich ist die erfolgreiche Bewältigung des Ötztalradmarathons der Ritterschlag des Radfahrers und ich habe tiefen Respekt und höchste Anerkennung für jeden Finisher, egal welche Zielzeit er erreicht hat.

Meine Tränen der Freude

Nach dem medienwirksamen „Ötzi im Doppelpack" habe ich weiter intensiv trainiert und saß zwölf bis 16 Stunden pro Woche auf dem Rad. Sommer wie Winter, bei Schön- und bei Schlechtwetter. Ich beschäftigte mich immer mehr mit dem Race Across America, dessen erfolgreiche Bewältigung sich für mich zum ultimativen sportlichen Ziel entwickelte. Das „Outside Magazine", eines der bekanntesten amerikanischen Sportzeitschriften, führte in den 90er-Jahren ein Ranking der härtesten Sportwettkämpfe durch:

An dritter Stelle wurde der Bad-Water-Ultramarathon über 217 km im Death Valley mit Temperaturen von über 50 °C gereiht. An zweiter Stelle wurde die alleinige Weltumsegelung geführt. An erster Stelle stand das Race Across America (RAAM), die Durchquerung der USA von der West- bis zur Ostküste, eine Strecke von ca. 4 800 km, gespickt mit 40 000 Höhenmetern, über die Rocky Mountains, die Appalachen und durch Wüsten und Prärien. Um in die Wertung zu kommen, muss man diese Strecke innerhalb von zwölf Tagen (288 Stunden) mit dem Rad zurücklegen, was nur rund die Hälfte der antretenden Teilnehmer schafft. Auf der Strecke befinden sich etwa 57 Kontrollstellen, die zu durchfahren sind. Vier Kontrollstellen auf der Strecke müssen innerhalb einer bestimmten Zeit ab Beginn des Rennens erreicht werden.

Für Verstöße gegen die Rennordnung, wie z.B. das Überfahren eines Stoppschildes, einer roten Ampel oder Windschattenfahren, gibt es Penalties, das sind Zeitstrafen von jeweils zehn Minuten. Pinkeln am Straßenrand wird als unsittliche Entblößung gewertet und ebenfalls mit einer Zeitstrafe belegt. Ein Teammitglied muss dich mit einer Decke abschirmen, um das Pinkeln zu legalisieren.

Bei drei Penalties wird man vom Rennen ausgeschlossen und kann heimfliegen. Das RAAM wurde erstmals 1982 mit vier Teilnehmern ausgetragen.

Der in unseren Breitengraden bekannte Ironman-Triathlon in Hawaii war in dem Ranking des Outside Magazines übrigens nicht unter den 20 härtesten Sportveranstaltungen.

Man mag solche Vergleiche quer durch unterschiedliche Sportarten kritisch sehen, allerdings ist es unter Extremradsportlern unbestritten, dass das RAAM „The toughest Race of the World", das härteste Straßenrennen der Welt, ist. Daher rührt auch in diesen Kreisen die Faszination, sich an dieser Herausforderung zu messen. Wie kam es zur Verwirklichung meines Traumes? Beflügelt durch den Erfolg des „Ötzi im Doppelpack", hatte ich die Idee, mit einer Viererstaffel, bestehend aus drei ehemaligen Tiroler Elitefahrern und mir, am RAAM teilzunehmen.

Es schien mir die klügere Herangehensweise, zuerst in einer Staffel die ersten RAAM-Erfahrungen zu sammeln, um später als Solofahrer auf viele Eventualitäten besser vorbereitet zu sein. Es gab einen Sportmanager, der sich erbot, die Finanzierung dieser Viererstaffel auf die Beine zu stellen. Dazu wurde er mit einem Hochglanzfolder bei Tiroler Leitbetrieben vorstellig, die er damit aber wenig beeindrucken konnte, und so hatte sich dieses Vorhaben schnell erledigt. Ich brachte allerdings eine Kooperation mit Simplon, einem Hersteller hochwertiger Rennräder aus Vorarlberg, zustande. Wir bekamen für unser nicht realisiertes RAAM-Projekt stark vergünstigte Rennmaschinen. Für mich war es der Beginn einer jahrelangen Partnerschaft mit Simplon, die bis heute andauert. Als nächsten Schritt wollte ich statt der Viererstaffel eine Zweierstaffel realisieren, allerdings fand sich niemand. Karin, meine Frau, gab in dieser Situation den entscheidenden Impuls: „Dann fährst du eben alleine." Rückblickend kann ich sagen, dass Gott sei Dank weder ein Viererteam noch ein Zweierteam zustande kam. In gewisser Hinsicht war es eine Erleichterung. Somit stand ich alleine im Mittelpunkt. Franz Venier, der erste Tiroler, der beim RAAM als Einzelfahrer startet!

In meiner Euphorie kontaktierte ich Herbert Meneweger, der beim RAAM einmal finishte und zweimal scheiterte. Scheitern war für mich sowieso kein Thema, trotz des großen Drucks, der später auf mir lasten sollte. Das RAAM schafft man, sonst braucht man gar nicht hinzufahren, war meine Devise! „Herbert, was denkst du, ich möchte am Race Across America teilnehmen, was soll ich da brillenmäßig am besten machen?" Seine Antwort war: „Venier, bleib besser zu Hause, weil mit deiner Sehschwäche wird das nie funktionieren. Das kostet zu viel Kraft und es treten noch ganz andere Probleme auf." Ich war konsterniert. Was hatte meine Sehschwäche mit Extremleistung zu tun? Ich wusste, dass meine Sehschwäche Kraft kostete, aber ich hatte schon hinlänglich bewiesen, wozu ich fähig war. Im Nachhinein betrachtet hatte er nicht ganz unrecht, denn ich wusste nicht, was auf mich zukam. Wenn man nicht 100 % körperlich topfit ist, ist das normalerweise nicht zu schaffen. Aber wo ein Wille, da ein Weg! Getreu meinem Motto „Nicht viel darüber reden, sondern tun" habe ich mich nicht davon abbringen lassen.

Ich wertete die eher zurückhaltenden Meinungen meiner österreichischen Extremradsportkollegen zu meinem Plan, das RAAM zu fahren, als Futterneid. Jetzt kommt hier noch einer daher und kann möglicherweise von seinen RAAM-Erfahrungen berichten. Gerade für die Profis der Szene, die u.a. von der sekundären Vermarktung von solchen Karrierehighlights, wie Vortragstätigkeiten, Buch- und Filmpublikationen, leben müssen, kann durchaus Konkurrenzdenken eine Rolle spielen. Selbst der Sieger des RAAM kann zusätzlich zu den Erfahrungen, die alle Finisher machen, nur davon erzählen, dass er eben schneller war als die anderen. Wobei jeder ein Sieger ist, der das härteste Radrennen der Welt in der Wertung beendet.

Zunächst musste ich mich für das RAAM qualifizieren. Zu jener Zeit war die Weltmeisterschaft im 24-Stunden-Einzelzeitfahren, die von der Ultra Marathon Cycling Association, die auch das RAAM veranstaltet, ausgetragen wurde, als Qualifikationsrennen anerkannt. Mittlerweile gibt es auch in Europa Ultramarathons, die als RAAM-Qualifikationsrennen gewertet werden, wie zum Beispiel im heurigen Jahr der Glocknerman.

Im Juni 2000 war Davenport in Iowa der Veranstaltungsort. Die besondere Herausforderung war, dass ich organisatorisches Neuland betrat. Ich war vorher weder in den USA gewesen, noch hatte ich Erfahrungen mit sogenannten No Drafting-Rennen, bei denen Windschattenfahren verboten war.

Daher konnte ich nur abschätzen, wie viele Betreuer ich benötigte bzw. wie es mit dem Pacecar, dem Begleitfahrzeug, funktionierte. Das Internet war Ende der 90er-Jahre noch nicht so entwickelt, um diese Informationen aus dieser Quelle recherchieren zu können. Zur Vorbereitung habe ich eigentlich normal trainiert. Ich fuhr häufiger längere Distanzen, d.h. Trainingseinheiten mit 200–300 km, auch bei Schlechtwetter. Ich experimentierte dabei weiter mit der Ernährung. Es ging darum herauszufinden, wie viel ich auch bei härterem Tempo essen musste und mich weiter der optimalen Verteilung von Gels, Riegeln und fester Nahrung anzunähern.

Mit gespannten Erwartungen machten wir uns im Juni 2000 auf den Weg in das für uns unbekannte Land der unbegrenzten Möglichkeiten.

Nur Kameramann und Coach, Uwe Linde, hatte bereits USA-Erfahrungen. Nach einem ewig langen Flug kamen wir müde in Chicago an, übernahmen die gebuchten Leihautos und waren etwas ratlos, als wir realisierten, dass sie mit Automatikgetriebe ausgestattet waren. Mit Mühe gelang es uns, sie in Gang zu setzen und standen bereits vor der nächsten Herausforderung. Wir mussten uns auf einer fünfspurigen Autobahn zurechtfinden. Eine unglaubliche Erfahrung für Tiroler aus dem schmalen Inntal. Ich sehnte mich nach der Vertrautheit und der Sicherheit des Rennradsattels. Wir schafften es ohne Havarie bis nach Eldridge, einem Vorort von Davenport, wo die 24-Stunden-Weltmeisterschaft im Einzelzeitfahren, die RAAM-Qualifikation, stattfand. Vorweg: Highlights suchte man bei dieser Veranstaltung vergebens, es gab sie nicht.

Es begann mit der Erkenntnis, dass wir drei Betreuer zu viel mithatten, da das Rennen auf einem hügeligen Rundkurs ausgetragen wurde und sich daher die Betreuung und Verpflegung wesentlich einfacher gestaltete. Der Wind blies aus allen Richtungen, nur Rückenwind sollte mir nicht vergönnt sein. Vollkornbrot war gänzlich unbekannt, sodass ich mit dem kaugummiartigen Weißbrot der Amerikaner vorlieb nehmen musste. Kein Vergleich zum nahrhaften und schmackhaften Tiroler Ruetz-Brot. Die Veranstaltung selbst war durch eine schwache Organisation gekennzeichnet, das Medieninteresse war gleich null. Zu allem Überdruss schleppte ich eine starke Verkühlung mit. Das Ziel, mindestens 350 Meilen, das sind rund 560 km, in 24 Stunden zu fahren, sollte leicht zu schaffen sein. Am schwierigsten und gefährlichsten war für mich das Fahren in der Dunkelheit, im schwachen Schein einer Minilampe. Begleitfahrzeuge waren nämlich in der Nacht verboten, was wir allerdings erst vor Ort erfuhren. Trotz meines angeschlagenen Gesundheitszustandes fuhr ich 776 km, wurde Dritter und hatte somit die Qualifikation für das RAAM in der Tasche. Sieger wurde der zweifache RAAM-Gewinner Danny Chew, die RAAM-Legende Rob Kish wurde hinter mir Vierter. Trotz der ernüchternden Rahmenbedingungen schöpfte ich auch aus dieser Erfahrung positive Energie: Ich hatte mein Ziel trotz suboptimaler Voraussetzungen und schlechter Form im Spitzenfeld erreicht und erkannte, dass wir solche Unternehmungen bis ins kleinste Detail planen mussten. Ein guter Vorsatz. Allerdings waren wir später beim RAAM wieder nicht vor amerikanischen Überraschungen gefeit.

Ich entwickelte für die Vorbereitung auf das RAAM ein ausgefeiltes Trainingskonzept. Die Trainingsumfänge schraubte ich in die Höhe, indem ich morgens vor der Arbeit, in der Mittagspause und am Abend trainierte. Ich war der Auffassung, dass man kein herausragender Straßenradrennfahrer sein musste, um das RAAM zu bewältigen. Neben der radspezifischen Ausdauer benötigte man eine hervorragende ganzheitliche Fitness. So habe ich das Lauftraining intensiviert, bin lange Trainingseinheiten mit dem Rennrad gefahren, z. B. 380 km in die Steiermark und zurück. Um auch die Hände und Arme zu trainieren, stellte ich mir einen Triathlon zusammen. Ich führte im Zirler Schwimmbad zuerst ein Schwimmtraining durch, anschließend ein Lauftraining und zum Abschluss fuhr ich mit dem Rad in die Steiermark. Das waren ganztägige Trainingseinheiten, manchmal sogar über 24 Stunden. Ich wollte ausloten, wie weit ich noch gehen konnte, und zwar ohne die Grenzen zu überschreiten. Denn mir war klar, das RAAM fährt man nicht im Spitzenbereich, d. h. mit 90–100 % der maximalen Intensität, sondern im Grundlagenbereich, bei etwa 70 % der maximalen Herzfrequenz, um auch noch in den letzten zwei Tagen genügend Reserven zu haben. Daneben eignete ich mir immer mehr Wissen über sportspezifische Ernährungslehre an.

Neben dem Training und der Auseinandersetzung mit Ernährungsfragen galt es, die Finanzierung auf die Beine zu stellen und die Organisation voranzutreiben.

Glücklicherweise hatte ich bereits seit dem medienwirksamen Doppel-Ötzi-Projekt ein Team von Sponsorpartnern aufgebaut, ohne die dieser Weg in den Extremsport nicht denkbar gewesen wäre. Dazu zählte die Tiroler Großbäckerei Ruetz, die die Synergien zwischen Ausdauersport und Getreideverarbeitung erkannte und meine Glaubwürdigkeit und Ehrlichkeit schätzte. Gerade im Ausdauerbereich sind Kohlehydrate der wichtigste Energielieferant und Bäckereien verarbeiten naturgemäß die meisten Kohlehydrate. Neben klassischen Werbeleistungen entwickelten wir gemeinsam ein hochwertiges Bäckereiprodukt, das Tiroler Sportbrot, bestehend aus hochwertigen Vollkorngetreidesorten und schmackhaften Gewürzen, das bis heute in den Ruetzfilialen gelistet ist. Daneben entstand eine persönliche Freundschaft mit Christian Ruetz, der mich des Öfteren sowohl bei Trainingsfahrten auf dem Rennrad als auch bei einigen Extremradrennen als Betreuer begleitete. Daraus resultierte die zweite Säule dieser langjährigen Sponsorpartnerschaft, das Vertrauen und die Überzeugung, dass meine Leistungen ehrlich und ohne unerlaubte Hilfsmittel zustande kamen. Das ist keine Selbstverständlichkeit, gerade im Profi- und Amateurradsport, der durch systematisches Doping die Glaubwürdigkeit verloren und auch das Image von zahlreichen Sponsoren geschädigt hat.

Ein zweiter langjähriger Partner war die Firma feratel media technologies mit dem Vorstandsvorsitzenden Dr. Markus Schröcksnadel, mit dem mich ebenfalls eine persönliche Freundschaft verbindet. International tätige Unternehmen wie feratel sind täglich gefordert, Spitzenleistungen zu erbringen, wozu es des maximalen Einsatzes jedes Mitarbeiters bedarf. Aus diesem Grund war es feratel immer ein Anliegen, Extremsportler wie mich, die individuelle Spitzenleistungen erbringen, zu unterstützen.

Mit dem Tourismusverband Nauders verband mich seit der Entwicklung des Race across the Alps im Jahr 2001 eine Partnerschaft, zu der ich aufgrund meiner Erfolge eine Erhöhung des Bekanntheitsgrades dieser wunderschönen Region rund um den Reschenpass beitragen konnte. Last but not least unterstützte mich die Firma Simplon, die für Rennradrahmen auf High- End-Niveau steht, mit erstklassigem Material.

In puncto RAAM-Organisation galt es zu entscheiden, wie viele Personen der Betreuerstab umfassen und wie die Verteilung der Verantwortungs- und Aufgabenbereiche aussehen sollte. Es folgte die Akquirierung des Teams und schließlich die logistische Planung. Für mich war klar, ich benötigte Vertrauenspersonen, die nicht nur Nudeln kochen, sondern auch gut Auto fahren konnten und einigermaßen der englischen Sprache mächtig waren. Ich musste bei der Auswahl das Gefühl haben, dass sie den Extremsport mit mir lebten und vor allem dieses Projekt mit mir durchstehen wollten.

Ich hatte in der Zwischenzeit nochmals den Glocknerman gewonnen und zu diesem Zeitpunkt gewusst, dass ich reif für das

RAAM war. Ich war überzeugt, dass die Teilnahme als Solostarter kein Sprung ins kalte Wasser werden würde.

Im Juli 2002 ging es los. Es waren drei Wochen eingeplant, die erste Woche für die Akklimatisierung und Organisation vor Ort. Das sechsköpfige Betreuerteam, Karin und ich machten uns von Innsbruck via Frankfurt, Chicago und Seattle auf die Reise nach Portland im US-Bundesstaat Oregon. Zum Ausgangspunkt des ultimativen Rennens, das zum damaligen Zeitpunkt mein sportlicher Lebenstraum war. Ich wollte das Team und meine Sponsoren keinesfalls enttäuschen, entsprechend angespannt war ich beim Hinflug. Der Wahnsinn, den ich vorhatte, wurde mir durch eine kurze Bemerkung von Karin nochmals in aller Deutlichkeit vor Augen geführt. Nach stundenlangem Flug über den Atlantik, irgendwo über der Westküste der USA, meinte Karin, als am Flugzeugmonitor die bereits zurückgelegte Flugstrecke von 5 000 Kilometern angezeigt wurde: „Siehst du, Franz, das musst du jetzt mit dem Rad fahren." Was nicht böse gemeint war, führte bei mir, um es sanft auszudrücken, zu Unmutsäußerungen und trug nicht zu meiner Entspannung bei.

Nach der Landung führte der erste Weg zur Autovermietung, um ein vorbestelltes Motorhome und einen Van in Empfang zu nehmen. Es klappte alles wie am Schnürchen, perfekt vorbereitet, wir lernten schließlich, alles bis ins Detail zu planen. Wir verzichteten auf die Begleitung des Angestellten der Autovermietung, denn wir waren bereits erfahrene Globetrotter und fänden den Minivan im Parkdeck sicher ganz selbstständig. Wunderbar, da stand der geräumige Ford, wie neu, der Van war offen, nur ein Sitz im Fond zu viel, der überdies zusätzlich noch mit einer Drahtschlinge gesichert war. Kein Problem, wir waren für alles gewappnet, mit dem Seitenschneider entfernten wir die Sicherung im Nu, bauten den Sitz aus, klappten ihn zusammen und beluden das Auto mit hunderten Kilo Gepäck. Zum Schluss noch die beiden Radkoffer und das Ersatzrennrad auf dem Dachträger festgezurrt. Perfekte Arbeit, wir waren startklar! Bloß der Motor startete nicht, er gab keinen Ton von sich. Das gab es doch nicht, wir versuchten es immer wieder. Ohne Erfolg. Wir beschwerten uns beim Angestellten, einem hünenhaften Farbigen. Er begleitete uns zum Auto, sah das vollbepackte, abfahrtsbereite Gefährt und begann, schallend zu lachen. Falsches Parkdeck, gleiches Modell, nur unser Van stand eine Etage höher. Kleinlaut taten wir, was getan werden musste. Entladen, Sitz einbauen und wieder beladen.

Es gab noch jede Menge zu organisieren, wie etwa Unterlagen der Rennleitung studieren, Startnummer abholen, Abnahme der Begleitfahrzeuge durch die Rennkommission, Interviews geben und Verpflegung einkaufen. Pro Tag verbrauchte ich ca. 10 000–12 000 Kalorien, dazu noch rund 17 l Flüssigkeit, was mit normaler Ernährung nicht aufzunehmen ist. Mein Verdauungstrakt wäre nur mehr damit beschäftigt gewesen, diese Unmengen an Nahrung zu verarbeiten, sodass keine Energie für das Radfahren bereitgestanden wäre. Daher betrug am Beginn des Rennens der Anteil Flüssignahrung wie Energiegels ca. 60 %, der Anteil an fester Nahrung, wie Spaghetti, betrug 40 %. Zu dieser Zeit gab es bei den verwendeten amerikanischen Energiegels „Ensure plus" (200 ml hatten 300 Kalorien) zwei Geschmacksrichtungen: Schoko und Banane. Man kann sich vorstellen, dass mein Bedürfnis nach Schoko- und Bananengeschmack für alle Zeiten gestillt ist.

Meine gewohnten Gels und Elektrolytgetränke musste ich leider kurzfristig zu Hause lassen, da der Import von Lebensmitteln in die USA nicht erlaubt war. Das hatte uns allerdings niemand mitgeteilt. Karin besorgte in Oregon im Supermarkt Gels, Elektrolytpulver, Energieriegel, sonstige Nahrungsmittel und ca. 200 l Wasser. Als ich die Inhaltsstoffe des Wassers studierte, erkannte ich, dass es sich um destilliertes Wasser handelte, also ohne Mineralstoffe und Elektrolyte. Damit brauchte ich gar nicht erst zu starten. Mineralstoffhaltiges Wasser gab es in einem Supermarkt ca. 70 km entfernt. Wie war das nochmals mit der Detailplanung?

In der Rückschau waren wir noch ziemliche Grünschnäbel, denn wie bereits erwähnt, von unseren Kollegen konnten wir keine Praxistipps erwarten.

Ich fieberte dem Start entgegen! Im Team war eine angespannte Atmosphäre, alle konnten es kaum erwarten, bis es endlich losging.

Nach dem Start fuhren wir im geschlossenen Feld aus Portland hinaus. Die ersten 130 km mussten ohne Begleitfahrzeug absolviert werden.

Ich fand schnell einen guten Rhythmus, das hügelige und bergige Terrain zu Beginn des Rennens kam mir entgegen. Fast wie zu Hause in Tirol. Am ersten Tag konnte ich mit der Spitze mithalten und fuhr in 24 Stunden 530 km. Ich nahm mir vor, konzentriert und auf Sicherheit bedacht zu fahren. Das Ziel war, innerhalb der Karenzzeit von zwölf Tagen, den Zielort Pensacola im US-Bundesstaat Florida zu erreichen. Die Platzierung war sekundär. Das bedeutete nicht, sich aufs Rad zu setzen und draufloszufahren, sondern ständig darauf fokussiert zu sein, mit möglichst wenig Kraftaufwand möglichst schnell zu fahren. Es waren viele Detailaufgaben, die ich neben den Tretbewegungen und der Konzentration auf die Straße bewältigen musste: rechtzeitig und genügend zu essen und zu trinken, dabei ordentlich zu schlucken. Ständig eine optimale Sitzposition einzunehmen, um später keine Verkrampfungen zu riskieren. Einen möglichst runden und flüssigen Tritt auf die Straße zu bringen. Umgebungsgeräusche wahrzunehmen, visuelle Reize und Gefahren auf der Straße rechtzeitig zu antizipieren. Darauf achten, dass ich beim Absteigen keine Fehler mache. Das hört sich einfach an – ist es aber keineswegs, da die Gefahr groß ist, dass mit zunehmender Müdigkeit ein gewisser Schlendrian einsetzt. Beispielsweise bin ich bei einem 24-Stunden-Rennen gestürzt, weil ich mir beim Anstieg auf den zehnten Pass aus Leichtsinnigkeit eine Jacke während der Fahrt angezogen hatte. Durch solche abrupten Ereig-

Karin und ich, zehn Minuten vor dem Start des RAAM 2002

RAAM 2002: Auf dem Weg durch Colorado

nisse kann der Körper derartig zusammenbrechen, dass es das Aus bedeuten kann.

Sind die Schuhe nicht zu fest geschnürt? Wenn die Lippen trocken werden, sofort eincremen! Brennt die Nasenspitze? Ich fuhr bei 35 °C im Schatten, bei der intensivsten Sonneneinstrahlung, mit Ärmlingen und Beinlingen, denn ein Sonnenbrand hätte fatale Folgen gehabt. Der Körper fühlt sich bei Ultramarathons nicht jeden Tag gleich an. Wenn es nach vier Stunden nicht richtig funktioniert, heißt es nicht, dass es nach sechs Stunden noch immer nicht funktioniert. Wenn es wieder funktioniert, darf man nicht euphorisch werden, denn es kommt wieder ein Wellental. Wieso habe ich jetzt Bauchschmerzen? Ich habe doch alles richtig gemacht. Vielleicht nehmen wir etwas weniger Elektrolyte und probieren einmal eine Salzbreze. Ist die Brille verschmutzt? Sofort eine andere!

Diese Konzentriertheit bei den scheinbar einfachsten Dingen, von denen man meinen kann, sie sind nicht der Rede wert, können eine große Rolle spielen. Sind die Verschlüsse der Trinkflaschen, die mir die Betreuer gaben, ordnungsgemäß verschraubt? Wenn nicht, konnte mir das Getränk in das Gesicht und die Augen spritzen, dadurch riskierte ich eine Augenentzündung. Ein Betreuer im Begleitfahrzeug vergaß einmal, den Lautsprecher am Autodach auszuschalten und sagte zum Beifahrer: „Wenn der Franz nur drei Kilometer pro Stunde schneller fahren würde, dann könnten wir eine Platzierung gutmachen." Ich hörte mit und musste auch mit solchen Situationen fertig werden. Was sind drei km/h? Nichts, wenn man frisch erholt ist. Wenn man allerdings nicht mehr kann und „blau" ist, fühlen sich die drei km/h wie 30 km/h an. Ich fühlte mich durch diese unbedachte Äußerung zusätzlich unter Druck gesetzt und alles Negative, was mich in solchen Extremsituationen zusätzlich belastete, raubte zusätzliche Energie.

Für die Schönheiten der Natur hatte ich nur einen kurzen Blick, ich musste fokussiert bleiben, um mich in dieser Weite nicht zu verlieren. 230 km geradeaus, endlich eine Kurve und wieder 150 km geradeaus. Als ich den RAAM-Teilnehmer Mark Patten am dritten Tag mit offenen Fleischwunden, sonnenverbrannten Schienbeinen und mit aufgeschnittenen Schuhen (wegen der Schmerzen) überholte, glaubte ich, in einem Horrorfilm mitzuspielen. Nach Tagen sah ich endlich Menschen und Häuser. Ich hatte Oregon, Idaho, Utah, Wyoming und Colorado durchquert und war nun bereits 2 400 km unterwegs.

Die Hitze und die Strapazen wurden immer größer. Der Plan war, nach jeweils 20 Stunden eine vierstündige Schlafpause zu machen, damit sollte ich auf der sicheren Seite sein. Aber wie sagte schon Mike Tyson, der ehemalige Boxweltmeister im Schwergewicht: Ein Plan ist solange gut, bist du vom Gegner das erste Mal schwer getroffen wirst. In meinem Fall war der schwere Treffer ein orkanartiger Sturm, der mir 300 Kilometer lang entgegenblies. Ich konnte stundenlang nur zwischen zehn und 14 km/h fahren und musste mich am Lenker festhalten, um nicht in den Straßengraben geblasen zu werden. Ich schrie gegen den Wind an: „Du deppata Wind, du deppata Wind, du guata Bua, du guate Bua, Ahh!"

Ich habe das in meiner weiteren Karriere nie wieder gemacht, denn alles, was dich ärgert, kostet wie erwähnt nur unnötig Kraft und Energie. Die Zeit, die dadurch verloren ging, musste ich durch eine Reduktion der Schlafpausen wieder einholen. Somit schlief ich pro Tag durchschnittlich zwei Stunden, also in Summe während des gesamten Rennens rund 20 Stunden.

Einem Konkurrenten hatten seine Betreuer ein Kantholz auf den Rücken gebunden und daran seinen Kopf fixiert. Seine Nackenmuskulatur war so geschwächt, dass er den Kopf nicht mehr aufrecht halten konnte! Zum Glück hatte ich bis zum siebten Tag keine Beschwerden, keinen offenen Hintern wie so viele andere Fahrer, keine Nackenschmerzen, einfach nichts, rein gar nichts. Mein Team hatte perfekt gearbeitet – ich war nur furchtbar müde. Dann begann mein linkes Knie zu schmerzen und anzuschwellen, meine Betreuer versuchten, es mit Eisbeuteln zu behandeln, doch die

Schmerzen wurden immer stärker. In meinem Betreuerteam war zwar ein Mediziner akkreditiert, allerdings kein Human- sondern ein Veterinärmediziner. Was in dieser Situation auch kein Nachteil war, denn auch ein Orthopäde hätte nicht viel anders reagieren können als ruhigstellen und kühlen. Das Unternehmen RAAM stand auf Messers Schneide. Ich hatte es Uwe, dem Kameramann, zu verdanken, dass ich weiterfahren konnte. Durch sein kamerageschultes Auge erkannte er die Ursache der Knieschmerzen. Durch die lang andauernde Belastung unter ständigen Temperaturschwankungen, mal 50 °C in der Wüste, dann Temperaturen um den Gefrierpunkt auf 3 500 Meter Seehöhe, hatten sich der Sattel und das Sattelgestell um über zwei Zentimeter gesenkt. Durch die veränderte Sitzposition wurde das Knie ungewöhnlich stark beansprucht!

Wer selbst Rennrad fährt, kann nachvollziehen, welche Auswirkung die Veränderung der Sattelposition selbst von 0,5 Zentimeter haben kann, geschweige denn eine um mehr als 2 Zentimeter tiefere Sitzposition!

Nach einer vierstündigen Zwangs- und Schlafpause mit Kniekühlung konnte ich die Fahrt mit optimaler Sitzhöhe wieder aufnehmen.

Die extreme Hitze um die 40 °C blieb ein ständiger Begleiter, ich fuhr wieder, zwar mit Schmerzen, bergauf und bergab, Kilometer um Kilometer, durch Dörfer und Städte, jede Kurbelumdrehung brachte mich dem Ziel näher. Oklahoma war erreicht, es ging nun Richtung Arkansas. Zu diesem Zeitpunkt hatte ich bereits sieben US-Bundesstaaten durchquert, hatte das Dach des RAAM auf 3 500 Meter Seehöhe bewältigt und die längste Gerade mit 230 km hinter mich gebracht. In diesen Tagen schlief ich knapp zwölf Stunden. Als ich die Grenze zu Arkansas erreichte, waren es noch 1 100 Kilometer bis ins Ziel. Es wurde noch brutaler, am Tag herrschten Temperaturen bis zu 50 °C, in der Nacht kühlte es auf -9 °C ab.

Die Überfahrt des mächtigen Mississippi war für mich nebensächlich. Mich plagten extreme Müdigkeit, Hitze, Schmerzen und quälende Gedanken. Wie lange konnte ich diese unmenschlichen Strapazen noch aushalten?

Ein neuer Tag begann, es war der härteste Tag in meiner Radsportkarriere, ich war unendlich müde, nur meine mentale Stärke trieb mich noch nach vorne. Wir hatten damals auch keine Ahnung von der Existenz von Koffeintabletten, die im damaligen Fahrerfeld eigentlich standardmäßig verwendet wurden, um die Müdigkeit zu bekämpfen. Immer öfter hörte das Team vom Aufgeben anderer Fahrer, verschonte mich aber mit diesen Informationen und tat alles, um mich für die letzte Phase des Rennens zu motivieren. Ich durchfuhr Mississippi, war in Alabama und der Einbruch, den mein Team befürchtete, war nun da. Aber anders als erwartet: Noch ca. 700 km bis zum Ziel, ein wunderschöner Sonnenuntergang am späten Nachmittag, ich musste pinkeln, das Pacecar blieb neben mir stehen und plötzlich wurde mir klar: „Du hast nur mehr 700 km (!) zu fahren! Du hast es geschafft, du hast es geschafft, nur noch eine Nacht fahren und morgen bist du im Ziel!" Die Emotionen übermannten mich, vor lauter Freude bekam ich einen Weinkrampf, den ich nicht mehr unter Kontrolle brachte. Jeden Kilometer fragte ich das Team, wie weit es noch sei. Ich kämpfte ca. 100 km gegen diese starken Emotionen an, ich verzweifelte fast. „Kruzifix, hör auf, du brauchst doch die Energie noch", sagte ich zu mir. Das Team versuchte es mit psychologischen Tricks. Das Motorhome überholte mich, normalerweise das Signal, dass es bald eine Pause gab. Doch es gab noch lange keine Pause, es war der Versuch, mich durch die Annahme einer baldigen Pause nochmals zu motivieren. Bis zu diesem Zeitpunkt, nach rund 4 500 km, hatte ich über 100 000 Kalorien verbraucht und rund 170 l Flüssigkeit getrunken. Das Team hatte in den Tagen zuvor meine Ernährung umgestellt. Um den Magen-Darm-Trakt zu entlasten und die Mundschleimhaut nicht zu reizen, gab es fast nur mehr flüssige Ernährung, wobei mir eine Riesenportion Spaghetti in Pensacola in Aussicht gestellt wurde. Ich träumte tagelang von Chicken McNuggets, die mir mein Team letztendlich gewährte.

Allerdings ohne Panier, denn die Gefahr, meinen Gaumen aufzureiben, war zu groß. So lutschte ich zur Abwechslung gierig an den entpanierten Hühnernuggets.

Ich hatte während des gesamten Rennens keine nennenswerten Probleme mit dem Magen-Darm-Trakt. Bei der letzten Nahrungsaufnahme ging das Team auf Nummer sicher, als die Tür des Motorhome verschlossen blieb. Sie wussten: Wäre ich abgestiegen, hätte ich mich hingelegt und wäre nicht mehr auf das Rad gestiegen. Wegen der Zeit, die ich durch die Knieschmerzen verloren hatte, musste ich die letzten eineinhalb Tage durchfahren, um noch einen Sicherheitszeitpolster für unvorhergesehene Ereignisse zu haben. Denn, um in die Wertung als erfolgreicher RAAM-Finisher zu kommen, durfte ich maximal zwölf Tage und keine Sekunde länger benötigen. 50 km vor Pensacola kam ich auf die Idee, in einem Hotel zu übernachten, um dann frisch und sauber ins Ziel einzufahren. Mein Team verweigerte allerdings diese Absicht mit der Begründung: „Wir fahren doch nicht 5 000 km hinter dir her, damit du 50 km vor dem Ziel noch in einem Hotel übernachtest!"

Als ich schlussendlich die Brücke von Pensacola überquerte, wurde ich wieder von Emotionen übermannt und ich begann wieder zu weinen. In Vollspeed fuhr ich in das Ziel und wurde mit der inoffiziellen Bundeshymne „I am from Austria" von Rainhard Fendrich empfangen. Diese Momente werde ich nie vergessen. Ebenso bewegend war die offizielle Siegerehrung mit der eigentlichen Bundeshymne, die zu Ehren jedes Finishers zelebriert wurde. Ich hatte in den letzten zehn Jahren so unglaublich viel in den Radsport investiert und nun war es soweit. Ich erfüllte mir meinen sportlichen Lebenstraum. Ich war überwältigt. Karin fragte sich im Stillen bei der Siegerehrung: „Was macht er jetzt? Welche Ziele hat er noch?"

Ich wurde hervorragender Sechster, rund einen Tag hinter dem Sieger und Extremradsportprofi Wolfgang Fasching. Ich war damit der erste österreichische Amateur, der beim ersten RAAM-Start das Ziel erreichte und beim 20-jährigen RAAM-Jubiläum erst der zehnte „Rookie", der beim ersten Antreten finishte!

Zur Feier des Tages wollte ich nach der Siegerehrung noch mit meinem Team auf unseren Erfolg anstoßen. Es waren allerdings alle zu müde und so genehmigte ich mir alleine zwei Budweiser. Ich schlief drei Stunden und setzte mich wieder auf das Rennrad. Nicht, weil ich noch nicht realisiert hatte, dass das Rennen vorbei war, sondern um zu regenerieren. Ich hatte keinen wundgescheuerten Hintern, keine offenen Ellbogen, keine Blasen an den Füßen wie viele meiner Mitstreiter. Ich hatte nichts.

Ich ging in den nächsten Tagen bis zur Abreise häufig am Strand von Pensacola barfuß im Sand spazieren. Mein Schlaf-Wach-Rhythmus begann sich langsam wieder zu normalisieren. Ich genoss den Duft des Meeres, den warmen Wind, den Sand, die Atmosphäre am Strand. Allmählich setzte ein Gefühl der tiefen Befriedigung ein. Daneben war aber auch eine Leere in mir, die sich in der Strandatmosphäre zu einer Stimmung entwickelte, die ich bisher nicht gekannt hatte und die mich irritierte: eine Melancholie, eine Traurigkeit. Ich versuchte zuerst, dieses Gefühl zu verdrängen, konnte ich doch der glücklichste Mensch der Welt sein. Ich hatte soeben meinen Lebenstraum erfüllt. Doch vermutlich gehört diese paradoxe Phase dazu, wenn man jahrelang intensiv auf ein Ziel hingearbeitet, unglaublich viel Energie und Risikobereitschaft investiert hat. Und allmählich realisierte ich, dass dieses Ziel nicht mehr da war und ich mich neu orientieren musste. Mir neue Ziele, neue Herausforderungen, einen neuen Traum suchen musste.

Das epische Leid und das epische Glück

Ich erholte mich rasch von den Strapazen des RAAM und bestritt 14 Tage später das härteste Ein-Tages-Rennen der Welt, das Race Across The Alps, 550 km, elf Alpenpässe, 13 000 Höhenmeter.

Ich stellte mir die Frage, wie es nun sportlich weitergehen sollte. Ich hatte in den letzten Jahren viele Erfahrungen bei Extremradrennen wie dem doppelten Ötztaler, bei Ultraradmarathons wie dem Glocknerman oder dem Race Across The Alps, bis zum härtesten Radrennen der Welt, dem Race Across America, gesammelt – sowohl in sportlicher als auch in organisatorischer Hinsicht. Aufgrund dieser Erfahrungen war mir klar, dass ich neben meiner beruflichen Tätigkeit und dem Training nicht genügend Zeit finden würde, um mich zusätzlich noch um die Sponsorensuche und -betreuung, das Marketing, die Medienarbeit und die Organisation von mehrtägigen Extremradrennen zu kümmern. Weitere RAAM-Teilnahmen mit der Absicht, um den Sieg mitzufahren, waren für mich daher keine Option. Um dies zu realisieren, hätte ich meinen Job als Sportartikelverkäufer aufgeben und den Extremradsport professionell betreiben müssen. Ich war 39 Jahre alt und meine Karriere nahm in einem Alter Fahrt auf, in dem sie bei anderen Fahrern bereits am Ausklingen war. Und da ich in der Privatwirtschaft tätig war und nicht im öffentlichen Dienst, konnte ich mich auch nicht karenzieren lassen, um ohne Risiko nach einigen Jahren wieder dorthin zurückkehren zu können.

Daher entschloss ich mich, den sportlichen Schwerpunkt auf 24-Stunden-Rennen zu legen, die in finanzieller und organisatorischer Hinsicht wesentlich einfacher zu handhaben waren. Nach den bisherigen Erfolgen war ich überzeugt, dass ich den Zenit noch nicht überschritten hatte und die Grenzen meiner Leistungsfähigkeit noch nicht erreicht waren. Ich behielt meinen Trainingsrhythmus, den ich zur RAAM-Vorbereitung entwickelt hatte, bei. Dies sollte die nächsten zehn Jahre so bleiben. Auch die Trainingsumfänge reduzierte ich kaum. Das bedeutete, dass die erste tägliche 90–120-minütige Trainingseinheit um 06.00 bzw. um 06.30 Uhr begann. Als Frühaufsteher fiel mir das nicht sonderlich schwer. Das waren in der Regel lockere Trainingseinheiten im Grundlagenbereich, die ich im Inntal zurücklegte. Das Trainingsrevier erstreckte sich dabei von Zirl nach Telfs bzw. nach Haiming. Pünktlich um 08.30 Uhr erschien ich zur Arbeit in Axams. Selbstredend mit dem Rad. In der Mittagspause folgte eine intensivere Einheit, z. B. auf den Holzleitensattel und auf das Mieminger Plateau oder auf den Holzleitensattel und zurück nach Axams und noch in die Axamer Lizum. Das war mein tägliches Bergtraining. Am Abend, nach Dienstschluss, folgte wieder eine ca. zweistündige lockere Einheit im Grundlagenbereich oder zur aktiven Regeneration. Zur Regeneration zählten auch die sogenannten Cappuccinorunden, nach denen ich mich mit Gleichgesinnten traf, um beim Kaffeetrinken Erfahrungen auszutauschen und zu fachsimpeln. Im Winter absolvierte ich ebenfalls drei Trainingseinheiten pro Tag, allerdings forcierte ich wetterbedingt das Lauftraining bzw. das Skaten und den Alpinschilauf. Ergometertraining war für mich keine Option, es war mir schlicht zu langweilig, wie ein Hamster im Hamsterrad meine Einheiten zu absolvieren.

An dieser Stelle vielleicht eine kleine Anekdote. Ein Anbieter für Indoor-Fitnessgeräte engagierte mich einst, um bei einer Fitnessmesse in Aarau 48 Stunden lang nonstop auf einem Ergometer zu fahren. Gerhard begleitete mich als Betreuer. Während der Messezeiten war es noch relativ kurzweilig, ich konnte Messebesuchern Rede und Antwort stehen, mit ihnen scherzen oder Autogramme schreiben. Am Abend und nachts war die Atmosphäre in der leeren Messehalle allerdings ausgesprochen öde und es kostete mich viel Überwindung, nicht abzusteigen und einfach aufzuhören. Gerhard tat sein Möglichstes, um mich bei Laune zu halten. Die Aussicht auf die Gage von 800 Schweizer Franken ließ mich allerdings durchhalten. Besonders erschwerend waren die trockene Luft und der Umstand, dass zu jener Zeit in Messehallen noch geraucht werden konnte. So nebelten mich übergewichtige Schweizer Bonvivants genüsslich mit ihrem Zigarrenrauch ein, während ich mich abstrampelte. Meine Atemwege waren rund eine Woche ob der trockenen, nikotingeschwängerten Luft ziemlich gereizt. Ich war jung und brauchte das Geld, kann ich wohl nicht als Rechtfertigung für diese relativ fragwürdige Aktion geltend machen.

Nach dem Motto „Es gibt kein schlechtes Wetter, nur schlechte Bekleidung" spielte sich das gesamte Training also im Freien ab und das spiegelt auch meine Liebe und Verbundenheit zur Natur wider. Bei Temperaturen von -10 °C ist Radtraining im Freien natürlich kontraproduktiv. Wiewohl ich fast durchwegs mit dem Rad zur Arbeit gefahren bin. Zweimal täglich hin und zurück summierte sich die zurückgelegte Strecke auf 50 km, ohne dass ich eigentlich von Training sprechen würde. Im Sommer fuhr ich am Wochenende, wie gesagt, die Strecke des Ötztalmarathon zu Trainingszwecken. Vorausgesetzt natürlich, die Wetterbedingungen stimmten einigermaßen. Vermutlich gibt es niemanden, der die Strecke des Ötztaler so oft gefahren ist wie ich. Als Draufgabe bin ich nach diesen 240 km noch nach Hochzirl gefahren, das sind ca. 3,5 km, allerdings mit einer Durchschnittssteigung von 15 %. Dieses Pensum summierte sich zu ca. 35 000–40 000 Trainingskilometern/Jahr, das entspricht den Trainingsumfängen von Rennradprofis, in meinem Fall allerdings zusätzlich zum Job.

Erfolgreiche Extremausdauersportler scheint eine besondere Fähigkeit auszuzeichnen: eine sehr kurze Regenerationszeit. Das betrifft nicht nur die Erholungszeit zwischen den Trainingseinheiten, sondern auch die Schlafphasen während der Mehrtagesrennen. Ich war nach rund 1½ Stunden Schlaf so gut erholt, dass ich wieder 20–30 Stunden durchfahren konnte. Meines Erachtens ist diese

Fähigkeit zur schnellen Regeneration nur bedingt antrainierbar, sie scheint angeboren zu sein. Die Feinheiten der Kurzregeneration mussten wir aber auch erst lernen. Ein medizinischer Berater gab uns den Hinweis, dass das Aufwecken während einer Tiefschlafphase die Regeneration stark beeinträchtige, während es in der REM-Phase, das einer Leichtschlafphase ähnelt, wesentlich günstigere Auswirkungen auf die psychophysische Erholung habe. Als Indikator der Schlafphasen diente meinen Betreuern die Herzfrequenz, die auf meiner Pulsuhr ablesbar war. Sank die Herzfrequenz während meines Schlafs auf unter 30 Schläge pro Minute, konnten sie davon ausgehen, dass ich mich in einer Tiefschlafphase befand. Stieg die Frequenz auf knapp über 30 Schläge, war dies eine Zeichen einer leichteren Schlafphase, in der ein Aufwecken bessere Effekte hatte. Mein Ruhepuls lag bei etwa 35 Schlägen pro Minute.

Ich hatte mich wie gesagt entschieden, mich auf 24-Stunden-Rennen zu spezialisieren. Allerdings sollte ich noch einige Ausflüge zu Mehrtagesrennen unternehmen. Der erste hatte es bereits in sich. Im Herbst 2002, wenige Monate nach dem RAAM, erhielt ich eine Einladung zum wohl härtesten Ultraradmarathon Europas. Es nannte sich schlicht XXALPS und sollte Ende August 2003 erstmals durchgeführt werden. Start war in Vaduz/Liechtenstein, über Österreich, Italien und der Schweiz führte die Strecke zum Zielort Isola 2000 in Frankreich, ca. 80 km von der Côte d'Azur entfernt. 2 120 km, 53 000 Höhenmeter, 45 (!) Alpenpässe. Zeitlimit: sieben Tage. Eigentlich unvorstellbar, am ehesten nachvollziehbar ist die Dimension dieser sportlichen Herausforderung, wenn man folgenden Vergleich heranzieht: Die Strecke entspricht ungefähr dem zehnfachen Ötztalmarathon. Weder der Organisator noch die Teilnehmer hatten die Gewissheit, dass das überhaupt zu schaffen war. Organisiert wurde diese kniescheibenmalträtierende Passorgie von der Liechtensteiner Skilegende Andy Wenzel. Von der physischen und psychischen Herausforderung war dieses Rennen, aufgrund der extrem schwierigen Topographie, fast mit dem RAAM vergleichbar. Da es in Europa nicht viele gab, die zumindest theoretisch in der Lage waren, diese mit 45 Pässen gespickte Monsterstrecke innerhalb der vorgegebenen Zeit zu bewältigen, war das Starterfeld mit neun Teilnehmern überschaubar. Ich war stolz, zu der erlauchten Elite der Extremradfahrer zu zählen, die zu diesem Sportevent eingeladen wurden.

Alleine aus Ehrfurcht ziemt es sich, die Pässe anzuführen:
 1) Furkajoch (1 761 m)
 2) Faschinajoch (1 472 m)
 3) Bielerhöhe (2 036 m)
 4) Arlbergpass (1 805 m)
 5) Flexenpass (1 773 m)
 6) Hahntenjoch (1 984 m)
 7) Kühtai (2 020 m)
 8) Timmelsjoch (2 509 m)
 9) Jaufenpass (2 094 m)
10) Sellajoch (2 240 m)
11) Pordoipass (2 239 m)
12) Campolongopass (1 875 m)
13) Valparolapass (2 192 m)
14) Falzaregopass (2 117 m)
15) Fedaiapass (2 056 m)
16) Costalungapass (1 745 m)
17) Stilfserjoch (2 757 m)
18) Foscagnopass (2 291 m)
19) Passo d'Eira (2 211 m)
20) Forcola di Livigno (2 315 m)
21) Berninapass (2 328 m)
22) Malojapass (1 815 m)
23) Splügenpass (2 115 m)
24) San-Bernadinopass (2 066 m)
25) Lukmanierpass (1 915 m)
26) Oberalppass (2 046 m)

27) St. Gotthardpass (2 091 m)
28) Nufenenpass (2 478 m)
29) Grimselpass (2 165 m)
30) Saanenmöser (1 279 m)
31) Col du Pillon (1 546 m)
32) Col de la Croir (1 778 m)
33) Col de la Forclaz (1 526 m)
34) Col des Montets (1 461 m)
35) Col de la Colombière (1 618 m)
36) Col des Aravis (1 498 m)
37) Col des Saisies (1 633 m)
38) Cormet de Roselend (1 967 m)
39) Col de l'Iseran (2 764 m)
40) Col du Télégraph (1 600 m)
41) Col du Galibier (2 645 m)
42) Col d'Izoard (2 360 m)
43) Col du Vars (2 111 m)
44) Cime de la Bonnete (2 802 m)
45) Isola 2000 (2 000 m)

Ich reiste mit sieben Betreuern nach Liechtenstein. Uwe führte die Kamera für eine geplante Filmdokumentation. Fritz, der ausgeglichene Eisenbahner, war nach dem RAAM wieder dabei. Ich war froh, dass zwei RAAM-erfahrene Freunde mit an Bord waren. Mit dabei war auch ein junger Humanmediziner, Jürgen, Hans-Peter, ebenfalls ein Debütant, und Axel, Albin und Gertraud, die mich bereits bei anderen Rennen unterstützt hatten. Wir kamen am Vortag rechtzeitig zur Dopingkontrolle und der technischen Abnahme der Fahrräder und der Begleitfahrzeuge an. Dabei erlebte ich eine Überraschung. Ich ließ mir von der Rennleitung zwei Rennräder, das Wettkampfrad und ein Ersatzrad, abnehmen. Ich wählte eine meines Erachtens ausreichende bergtaugliche Übersetzung: eine Dreifachkurbel vorne und hinten als größtes Ritzel ein 28er. Ich staunte nicht schlecht, als die Profis Wolfgang Fasching und

Andreas Clavedetscher als Ersatzrad ein Mountainbike mit profillosen Reifen zur Abnahme brachten. Ich vermutete die wesentlich leichtere Übersetzung als Grund. Niemand hatte bisher Erfahrungen mit dieser unglaublichen Anzahl an Pässen, die in so kurzer Zeit bewältigt werden mussten. Und die Idee war wohl, sollte die Kraft nicht mehr reichen, auf das Mountainbike umzusteigen. Die Mountainbikes zu dieser Zeit hatten eine Übersetzung von 18:30, also ein kleines Kettenblatt mit 18 Zähnen vorne und ein großes Kettenblatt mit 30 Zähnen hinten. Damit könnten sie natürlich im Falle des Falles wesentlich kraftsparender hochdrehen als ich mit meiner 32:28-Übersetzung. Der zweite Grund wurde mir später bewusst, als ich kaum mehr schalten und bei den Abfahrten kaum mehr ausreichend bremsen konnte, da meine Fingerkraft den ungewöhnlichen Belastungen der unzähligen Auf- und Abfahrten kaum standhielt. Mit den Bremsen am geraden Mountainbikelenker konnten die beiden mit zwei Fingern wesentlich entspannter bremsen und steuern als auf dem Rennrad.

Am Morgen des 24. August 2003, einem Sonntag, erwies das kleine Starterfeld dem Erbprinzen Alois von und zu Liechtenstein die Ehre. Seine Durchlaucht startete das Rennen in Vaduz bei traumhaftem Wetter. Es ging gleich nach Vorarlberg, über das Faschinajoch, durch das Große Walsertal nach Bludenz. Durch das Montafon, hinauf auf die Silvretta in mein Heimatland Tirol, durch das Paznauntal Richtung Landeck, über den Arlberg nach Zürs und Lech, durch das Lechtal über das Hahntenjoch nach Imst. Weitere Stationen waren Tarrenz, der Holzleitensattel, Obsteig und Telfs. Ich war natürlich voll motiviert, denn diese Gegend war mein tägliches Trainingsrevier. Es ging weiter hinauf in die Leutasch, nach Seefeld und zurück nach Telfs. Es war längst Nacht, als ich durch meinen Heimatort Zirl fuhr. Es blieb nur ein Augenblick Zeit für eine kurze Begrüßung meiner Fans, bevor es Richtung Kühtai (2 020 m) ging. Im Ötztal lag ich hinter Wolfgang Fasching an zweiter Position. Es war für mich eine große Ehre, hinter dem Superstar der Szene als Zweiter durch Tirol zu fahren. Zumal ich seit dem Start in Vaduz gehandicapt war. Ich litt unter Durchfall, vermutlich hervorgerufen durch das Abendessen, das mir nicht gut bekommen war, und die Nervosität. Jürgen, unser Teamarzt, war besorgt, er befürchtete Probleme mit dem Flüssigkeits- und Elektrolythaushalt. Wir mussten diese Verdauungsstörung unbedingt in den Griff bekommen, denn die noch ausstehenden 35 Pässe und mehr als 1 500 km könnte ein geschwächter Körper unmöglich schaffen. Wir versuchten entgegenzuwirken, indem wir die Elektrolytgetränke stärker verdünnten und ich zwang mich dazu, viel zu trinken. Der Schweizer Andreas Clavadetscher, ehemaliger Schweizer Straßenmeister und Race-Across-America-Sieger 2001, überholte mich kurz vor dem Timmelsjoch. Ich fuhr weiter hinunter in das Passeiertal, über den Jaufenpass ins Etschtal. Im Grödnertal führte die Strecke in die herrliche Bergwelt der Südtiroler Dolomiten Sellajoch, Pordoi-, Campolongo-, Valparola-, Falzarego-, der Fedaia- und der Costalungapass. Weiter ging es nach Bozen. Das Team arbeitete perfekt. Die Nahrungs- und Flüssigkeitsaufnahme wurde genauestens überwacht und so konnte mein Kalorienhaushalt exakt bestimmt werden. Das Verdauungsproblem hatte sich glücklicherweise gebessert. Nach 36 Stunden durchgehender Fahrzeit legte ich bei Terlan zwischen Bozen und Meran eine Pause ein. Ich duschte und schlief zwei Stunden. Ich war leicht zu wecken, wurde von meinen Betreuern von oben bis unten eingecremt, um ja keine Wundstellen durch Kleidung, Schuhe und Sattel zu riskieren. Gegen 2.00 Uhr stieg ich wieder vollmotiviert auf das Rad. Über die endlosen Kehren des Stilfserjochs und dem Foscagnopass überquerte ich bei Livigno in der Lombardei die Grenze zur Schweiz. Über den Berninapass erreichte ich St. Moritz, im Winter ein Tummelplatz für die Reichen und Schönen, im Sommer wirkte es öd und verlassen. Das Wetter war bisher stabil schön, die hohen Temperaturen untertags machten mir zu schaffen. Über den Malojapass ging es weiter zurück nach Italien. Ich musste die Grenze bis 16.00 Uhr passieren, ansonsten wäre sie bis am nächsten Morgen geschlossen. Ich schaffte es locker.

Nach rund 55 Stunden Fahrzeit war ich wieder in der Lombardei und fuhr über den Splügenpass zurück in die Schweiz. Nach weiteren 24 Stunden Fahrzeit gönnte ich mir am Mittwoch, gegen 1.30 Uhr, die nächste zweistündige Schlafpause. Es ging weiter über die Schweizer Pässe bergauf und bergab. San-Bernadinopass, Lukmanierpass, Oberalppass, St. Gotthardpass, Nufenenpass, Grimselpass. Ich war nun rund 1 330 km unterwegs und hatte ca. 31 000 Höhenmeter bewältigt. Ich war nach wie vor Dritter, ca. 1½ Stunden zurück war mir mein Landsmann Gernot Tuchnowsky auf den Fersen. Es folgten drei weitere Schweizer Pässe, bevor ich am Col de la Forclaz, nach rund 1 560 km eine weitere zweistündige Pause einlegte. Ich erreichte Frankreich, fuhr durch Chamonix, vorbei am Mont Blanc, Richtung Col de la Colombière. Das Leiden hatte bereits begonnen. Ich hatte eine leichte Verkühlung, mein linkes Knie schmerzte. Die Schmerzen rührten vom entzündeten Ansatz eines Oberschenkelmuskels, wie Jürgen erklärte. Er meinte, kein Wunder bei dieser Dauerbelastung. Aber auch nichts Dramatisches. Ich konnte noch feste Nahrung zu mir nehmen und mit meinem Team scherzen – ein gutes Zeichen in dieser fortgeschrittenen Rennphase. Am 38. Pass, am Cormet de Roselende, hatte ich meinen dritten Platz gefestigt. Es waren noch rund 400 km bis ins Ziel. Im Bewusstsein, das Ziel zu erreichen, ging es hinunter nach Val d'Isere. Ich bewegte mich nun auf berühmtem Boden. Hier spielen und spielten sich jedes Jahr sportliche Tragödien ab, Träume zerplatzen wie Seifenblasen – Col du Galibier, Col du Telegraph – die Schicksalsberge der Tour de France. Kaum wieder im Tal, ging es hinauf auf den Col d'Isoard. Ich war gezeichnet von der Passorgie – vor allem die Feinmotorik der Finger war beeinträchtigt, das Schalten und Bremsen wurde zur Qual. Es waren abertausende Schalt- und Bremsvorgänge zu verrichten. Eine elektronische Schaltung, so wie es sie erst seit einigen Jahren gibt, wäre damals vermutlich ein Segen gewesen.

Erschwerend war die Kälte bei den Abfahrten. Wir waren im alpinen Hochgebirge unterwegs, trotz überwiegenden Schönwetters gab es phasenweise längere Regenschauer und in der Nacht kühlte es in Höhen von über 2 000 Meter selbst im Sommer extrem ab. Obwohl ich mir vor den Abfahrten als Kälteschutz drei Paar Handschuhe überzog, Radhandschuhe, Taucherhandschuhe und zu guter Letzt noch Winterhandschuhe, froren meine Finger und in Verbindung mit den Motorikproblemen konnte ich gegen Ende nur mehr mit der rechten Hand links und mit der linken Hand rechts schalten. Nur noch das Dach dieser Tortur, der Cimme de la Bonnete auf 2 807 Meter, die zweithöchste asphaltierte Straße der Alpen. Höher liegt nur die Ötztaler Gletscherstraße auf den Rettenbachferner.

Gegen 23.00 Uhr erreichte ich nach 133 Stunden und 47 Minuten als Dritter, hinter Wolfgang Fasching und Andreas Clavedetscher, das Ziel in Isola 2000. Von uns neun Startern erreichten immerhin sieben das Ziel. Und ich war noch zu Späßen aufgelegt. Ich legte mich nach der Zieleinfahrt auf den Boden, hob das Rad in die Höhe, strampelte mit den Beinen und sang „Jo, mir san mitn Radl do".

Die Bewältigung dieser extrem schwierigen Herausforderung war ein neuer Meilenstein in meiner Extremsportkarriere.

Es kam nicht von ungefähr, dass die drei Erstplatzierten des XXALPS Finisher des RAAM waren. Diese Erfahrungen beim härtesten Radrennen der Welt sind natürlich ein unschätzbarer Vorteil bei ähnlich schwierigen Rennen. So konnten mein Team und ich meine Leistungsfähigkeit besser einschätzen und aufgrund dieses Wissens meine Schlafpausen reduzieren und die Nahrungsaufnahme optimieren. Die körperlichen Auswirkungen der Strapazen auf meinen Körper wurden so richtig spürbar, als ich nach der Zieleinfahrt das lang ersehnte Bad nahm. Zwar hatte ich keine Rückenschmerzen und Sitzprobleme wie die anderen Mitstreiter. Allerdings konnte ich kaum die Beine durchstrecken und wieder anziehen. In meinen Kniegelenken spürte ich einen unglaublichen Druck, der natürlich von der dauernden Beanspruchung durch das Bergauffahren herrührte. Ich kam kaum aus der Badewanne. Ich konnte zwar gehen, aber dieser Druck sollte mich, so wie die Beeinträchtigung der Feinmotorik in den Fingern, noch einige Tage an diese Passorgie erinnern.

Eine weitere besondere Eigenschaft von Extremradfahrern wird bei diesen mehrtägigen Nonstop-Rennen augenscheinlich: eine epische Leidensfähigkeit. Irgendwann erreicht jeder Extremradsportler den Punkt, ab dem ihn nur mehr der unbändige Wille und die Fokussierung auf das Ziel davon abhält, vom Rad zu steigen und aufzugeben. Uwe erkannte bei mir sofort diesen Punkt. An meinem Blick, meinem Gesichtsausdruck und meinem Fahrstil ist das Leiden ablesbar, die Bewegungen des Oberkörpers sind schwerfällig, der Tritt ist nicht mehr flüssig. Die schmerzenden Beine, die Müdigkeit, die steifen Finger verlangen nach Erlösung. Im Fall von XXALPS Erlösung von den unendlichen Steigungen, die sich immer wieder auftaten und sich dem Fahrer unerbittlich entgegenstemmten. Nur das Bewusstsein, unterstützt vom Adrenalin, war noch im Kampfmodus: Es gibt keine Schmerzen, es gibt keine Qualen, es geht vorüber. Ich bin nicht alleine, mein Team glaubt an mich. Ich glaube an mich. Es gibt kein Scheitern. Die Kraft der Gedanken kämpft gegen die verheißungsvolle Erlösung des Scheiterns. Wann kommt die nächste Pause, der nächste Schlaf, die nächste Erholung? Kann ich mich danach nochmals überwinden, das Rad besteigen und weiterfahren? Das Leiden ist wie ein Gummiband, es geht immer noch ein bisschen mehr. Irgendwann kommt das Ziel. Drei Trainingseinheiten pro Tag, 40 000 Kilometer pro Jahr, hunderttausende Höhenmeter, jeden Tag viele kleine Leiden. Für diese Augenblicke, für das große Leiden war ich nun vorbereitet. Es ging um keine Platzierung, es ging darum, das scheinbar Unmögliche zu schaffen. Es ging darum, das große Ziel zu erreichen. Es ging darum, das große Glück zu spüren. Wenn alle Berge bezwungen sind. Es war ein und dieselbe Medaille: das epische Glück und das epische Leid. Das eine gehört zum anderen.

Im Nachhinein betrachtet war das XXAlps für mich eine der prägendsten Extremsporterfahrungen, die ich gemacht habe. Es ist zum einen selbst für mich erstaunlich und beeindruckend, was der menschliche Körper und die menschliche Psyche zu leisten imstande sind, wenn man entsprechend vorbereitet ist und die Willenskraft aufbringen kann, derartige Herausforderungen anzunehmen und bestehen zu wollen.

Zum anderen ist es für mich kaum zu beschreiben, welche besonderen Emotionen ich empfinde, wenn ich mich diesen gewaltigen Gebirgslandschaften für mehrere Tage und Nächte auf dem Rad hingebe. Trotz der Leiden gegen Ende des Rennens. Die Erinnerung an diese spektakulären Naturerfahrungen weckt in mir wieder diese Sehnsucht nach den Bergen. Die Sehnsucht nach der Erfahrung der Verbundenheit mit dieser grandiosen Gebirgswelt, deren Erhabenheit und Schönheit euphorisierend auf mich wirken. Eine Welt, die im nächsten Augenblick lebensfeindlich und unerbittlich sein kann: eisige Kälte, Regen, Schnee, bedrohliche Stürme. Eine Welt, die aber meistens gnädig zu mir war.

Es mag für viele Menschen eigenartig klingen, wenn ich sage, dass ich Glücksgefühle erlebe, wenn ich Berge mit dem Rennrad hochfahre. Bei meinen vielen Rennen freute ich mich selbst nach mehr als 20 Stunden Fahrzeit, wenn nach einer längeren Flachpassage endlich wieder ein Berg zu bewältigen war. In mir wächst der Wunsch, diese Passorgie wieder zu bewältigen. Allerdings nicht in einem Rennen, nicht in sieben Tagen, sondern als Genussfahrt, in zwei bis drei Wochen oder wie viel Zeit ich mir eben nehmen möchte.

Im Windschatten meines Teams

Vor dem Doppelötzi-Projekt begann ich, ein Betreuerteam aufzubauen. Dieses Team bestand im Wesentlichen aus Kollegen unseres Radsportvereins, darunter auch Albin, das ist jener Rennradfahrer, der am Ende meiner Fußballkarriere sozusagen einen Schlüsselreiz darstellte, indem er durch seine optische Erscheinung meine Faszination für das Rennradfahren auslöste: Sie erinnern sich, tolles Benotti-Rennrad, eine schicke Raddress, coole Sonnenbrillen, Adidas-Stirnband. Albin sollte mich in weiterer Folge zu vielen Rennen begleiten. So wie Martin, ebenfalls ein Kollege des Radsportvereins.

Es gab viele Aufgaben, für die mein Betreuerteam bei einem Ultramarathon zuständig war: das Chauffieren des Begleitfahrzeuges, was einfacher klingt, als es ist. Es erforderte doch einiges an Fahrgeschick, wenn es z. B. im Regen bei schlechter Sicht über steile Passstraßen ging. Der Beifahrer überwachte in der Vor-GPS-Ära das Roadbook, um auf dem richtigen Weg zu bleiben, bereitete Trinkflaschen und sonstige Verpflegung vor und übergab sie mir entsprechend dem Ernährungsplan. Anschließend protokollierte er die Übergabe inkl. zusätzlicher Informationen wie Temperatur, Witterung und Bekleidung, die ich trug. Diese Informationen, was ich wann gegessen und getrunken habe und z. B. welche Außentemperaturen vorherrschten, waren wichtig, um den Ernährungsplan in einer Analysephase nach dem Rennen weiter zu optimieren. Ich verbrauchte bei einem 24-Stunden-Rennen ca. 15 000 Kalorien, die mir die Energie für das Radfahren liefern mussten. Die optimale Zusammensetzung der Nährstoffe wie Kohlehydrate, Eiweiß, Fett, Vitamine und Mineralstoffe und Spurenelemente, das optimale Verhältnis von flüssiger und fester Nahrung, sodass der Verdauungstrakt nicht zu sehr beansprucht wurde, sind wesentliche Faktoren, um bei Ultraradmarathons erfolgreich zu sein.

Weiters mussten mich die Betreuer im Begleitfahrzeug mit Informationen zur Rennsituation versorgen, damit ich meine Rennstrategie entsprechend anpassen konnte. Sie motivierten mich, unterstützten mich beim Bekleidungswechsel und bei Defekten, indem sie das Rad reparierten, machten Fotos für die Medienarbeit oder, im Fall von Uwe, führten für diverse Filmbeiträge die Kamera. Schließlich benötigte ich eine doppelte Besetzung. Ich, als Extremradfahrer, war zwar in der Lage, mehr als 24 Stunden auf dem Rad ohne Pausen Leistungen zu erbringen, die Teammitglieder benötigten allerdings entsprechende Ruhephasen. Bei Mehrtagesrennen, wie dem RAAM oder dem Tour-de-France-Nonstop-Projekt, benötigte ich einen entsprechend größeren Betreuerstab.

Dazu kam, dass ich nicht jedes Rennwochenende auf dasselbe Betreuerteam zurückgreifen konnte, da wir keinen Profibetrieb führten, sondern Amateure waren. So hatten Betreuer zu bestimmten Terminen keine Zeit, weil sie berufliche, familiäre oder andere Verpflichtungen hatten. Anderen genügte es, zwei-, dreimal dabei zu sein.

Ich konnte in den 15 Jahren meiner Extremradsportkarriere insgesamt auf einen Pool von rund 20 Teammitgliedern zurückgreifen. Ich hatte ein sehr gutes Gespür für die Auswahl dieser Betreuer. Neben einem freundschaftlichen Verhältnis war mir eine positive Gruppendynamik wichtig. Das heißt, ich war darauf bedacht, dass keine Konkurrenzsituationen oder Neidgefühle das Teamgefüge beeinträchtigten. Ich musste das Gefühl haben, dass mich jeder hundertprozentig unterstütze, um erfolgreich zu sein. Der Spaß kam nie zu kurz, allerdings nur bis zu den Startvorbereitungen, dann musste alles auf die Erreichung des Zieles und die dazu erforderlichen Aufgaben fokussiert sein. Die Bedeutung des Teams für den Erfolg oder Misserfolg im Extremradsport ist nicht zu unterschätzen. Nicht nur einmal musste ein Fahrer das RAAM aufgeben, weil sein Team heillos zerstritten war. Auch bei meiner RAAM-Teilnahme war dies der Fall, hier kam es sogar zu Handgreiflichkeiten unter den Betreuern eines anderen Teilnehmers.

Man darf nicht vergessen, dass sich auch die Teammitglieder beim RAAM in einer Extremsituation befinden: Sieben unterschiedliche Menschen leben auf engstem Raum 14 Tage zusammen. Hier entstehen zwangsläufig Aggressionen und Konfliktsituationen, die die einzelnen Charaktere bewältigen müssen, um den Erfolg des Fahrers nicht zunichte zu machen. Das hat in meinem Team insofern gut funktioniert, als Missstimmungen nicht auf mich übertragen wurden und mich zusätzlich belastet haben. Es gab keine gröberen Konflikte, allerdings habe ich schon gemerkt, dass jedes Teammitglied nach dem RAAM rund drei Wochen Abstand brauchte, um für sich diese vielfältigen Erfahrungen und die daraus resultierenden Anpassungsleistungen, die bei einem derartig außergewöhnlichen Vorhaben erforderlich sind, zu verarbeiten und zu regenerieren. Es waren keine alltäglichen Stressoren, denen die Teammitglieder ausgesetzt waren: der Jetlag, die Anspannung durch die Ungewissheit, was jeden Einzelnen erwartet, die Konfrontation mit neuen, ungewöhnlichen Situationen in einem fremden Land, die ungewohnten und wechselnden klimatischen Bedingungen, der unregelmäßige Tag-Nacht-Rhythmus und eben auch die gruppendynamischen Herausforderungen. Es ist speziell die Dauer, die dieses Unternehmen für jedes Team zur Nagelprobe macht. Für drei bis vier Tage, geschweige denn bei einem 24-Stunden-Rennen, sind diese Stressoren wesentlich einfacher zu bewältigen. Teil eines Betreuerteams beim RAAM zu sein, ist jedenfalls keine Sightseeingtour, um einen entspannten Coast-to-Coast-Trip durch die USA zu machen und einen neuen Kontinent kennenzulernen. Das Team bestand damals neben meiner Frau aus dem Ehepaar Gabriele und Georg Schweighofer, zwei Tierärzten, die ihre Praxis für drei Wochen schlossen, um mich zu unterstützen. Gabriele war für Kleintiere zuständig und Georg für Großtiere. Eine möglicherweise sich aufdrängende Schlussfolgerung hinsichtlich meiner Gattungszugehörigkeit ist zwar hier naheliegend, aber irreführend. Georg war selbst aktiver Sportler, zählte zu den besten Triathleten Tirols und wurde wenig später Taufpate unseres Sohnes Luca. Durch unsere Sportfreundschaft war es für Gabriele und Georg Ehrensache, mich zu begleiten. Uwe Linde war neben seiner Funktion als Kameramann sozusagen der Supervisor des Teams, der in seiner robusten Art eher polternd als feinfühlig eingriff, wenn die Dinge nicht so rund liefen, wie er es sich vorstellte.

Christian Ruetz, der Juniorbäckermeister, war der Benjamin im Team. Mit seinen 20 Jahren war er noch zu jung, um in den USA ein Auto zu lenken, das Mindestalter betrug 21 Jahre. Er besaß aber den österreichischen Führerschein, so lenkte er phasenweise unerlaubterweise unser Pacecar. Das Team wurde von zwei Eisenbahnern, Fritz Santer und Kurt Stranner, komplettiert. Fritz ist der Bruder von Karin und war der ruhende Pol des Teams. Wenn er merkte, dass Konflikte im Entstehen waren, griff er beruhigend ein und hatte ein besonderes Gespür dafür, immer den richtigen Ton zu treffen. Kurt ist ein unaufgeregter Zeitgenosse, absolut verlässlich und stressresistent. Ich empfinde auch heute noch eine große Demut und Dankbarkeit für den Einsatz und die Leistung meines RAAM-Teams, ohne das dieser Erfolg nicht möglich gewesen wäre! So besonders machte diesen Erfolg auch, dass wir allesamt unerfahrene Greenhorns waren, die aber die mangelnde Erfahrung mit Leidenschaft, Lebenserfahrung und Improvisationstalent mehr als wettmachten.

Nach dem RAAM kristallisierte sich im Laufe der Zeit ein Kernteam heraus, dessen Mitglieder noch intensiver mit mir meinen Weg in den Extremsport gehen wollten und zu meinen verlässlichsten Partnern und Freunden wurden. Die mir das Gefühl gaben, dass eigentlich ich der Beste war – nicht der Gegner, trotz seines aktuellen Vorsprungs von einer Stunde und seines vielleicht prominenteren Namens – und mich damit zu Höchstleistungen trieben. Das war keine unreflektierte Idealisierung meiner Person, sondern eine mentale Unterstützung in einem sportlichen Wettstreit.

Einer dieser Wegbegleiter war Uwe Linde, der die Rollen eines Mentors, väterlichen Freundes und Headcoaches einnahm. Er begleitete mich vom Anfang bis zum Ende meiner Extremsportkarriere. Uwe spürte immer genau, was ich in einer bestimmten Rennsituation an Ansprache und Coaching brauchte. Er war als Nationalteam-Rennrodler selbst Spitzensportler und hatte so einen intuitiven Zugang zum Extremsport. Uwe und ich lernten uns kennen, als ich gegen Ende der 90er-Jahre an einer Masters-WM im Einzelzeitfahren in St. Johann teilnahm. Das Zeitfahren ist eine faszinierende Disziplin im Radsport, bei der man sich auf einer vergleichsweise kurzen Strecke im Kampf gegen die Uhr auf aerodynamischen Zeitfahrrädern ständig im Grenzbereich belastet, um so schnell wie möglich zu sein. Ich wollte mit meiner Teilnahme in erster Linie Erfahrungen in dieser, für mich neuen Disziplin sammeln. Ich habe damals in meiner Altersklasse den zweiten Platz belegt. Uwe war als Kameramann engagiert, um einen Fernsehbericht vom Einzelzeitfahren dieser Senioren-WM zu drehen. Er war begeistert von meinem Fahrstil und meiner Performance: „Es ist sensationell, wie du auf dem Rad sitzt und wie du fährst!" Ich entgegnete damals: „Ja, bei der Pensionisten-WM." *(Man konnte ab dem dreißigsten Lebensjahr in verschiedenen Altersklassen teilnehmen.)*

Zwei Jahre später haben wir uns beim Ötztal-Doppelpack wiedergesehen, als ihn Othmar Peer für einen Filmbeitrag zu diesem Projekt engagierte. Seit dieser Zeit hat mich Uwe bei vielen meiner sportlichen Herausforderungen begleitet, mit und ohne Kamera. Ein Schlüsselerlebnis für Uwe war eine brenzlige Situation vor der ersten Abfahrt vom Timmelsjoch des doppelten Ötztalmarathons. Ein Betreuer gab mir für die Abfahrt – ohne viel nachzudenken – eine Sonnenbrille mit dunklen Gläsern. Die Brille mit hellen Gläsern war nicht auffindbar. Nicht nur, dass ich durch meine Fehlsichtigkeit beeinträchtigt war, es war zudem dunkel und leicht nebelig. Uwe erkannte die gefährliche Situation und schritt polternd ein: „Seid ihr wahnsinnig, der ist halb blind und es ist finster, da könnt ihr ihm doch keine dunkle Brille geben." Es war für ihn ein Zeichen, Verantwortung für mich zu übernehmen, was glücklicherweise von längerfristigem Bestand war. Wir sind später über einige Jahre gemeinsam auch beim Sport-Okay-Paarzeitfahren angetreten, einem in der Region Innsbruck sehr bekannten Legendenrennen, an dem beispielsweise die ehemaligen mehrfachen Österreich-Rundfahrt-Sieger Helmut Wechselberger oder Gerrit Glomser teilnahmen. Uwe litt in meinem Windschatten, brachte er doch über 100 kg auf die Waage und war somit nicht ganz austrainiert. „Franzi", pflegte er im Scherz zu sagen, „hinter dir ist es so schön zu fahren, aber das hat mich den Herzschrittmacher gekostet." So habe ich ihm zumindest einen kleinen Teil von dem zurückgeben können, was er mir bei meinen Rennen gegeben hat.

Ein zweiter wichtiger Wegbegleiter war Gerhard Lechner, ein ehemaliger Fußballkollege, der sozusagen als Teamchef fungierte. Ein Organisationstalent, das alles, vom Team über die Ernährungspläne bis zur Aufbereitung der Medienmaterialien, perfekt vorbereitete, das während der Rennen absolut verlässlich und professionell agierte und bisweilen wegen mangelnder Fremdsprachenkenntnisse improvisierte. Der so mitfieberte, dass er bei den Siegerehrungen, als die Anspannung sich gelöst hatte, regelmäßig in Freudentränen ausbrach und nur durch die Gabe von zwei großen Gläsern Bier wieder zu beruhigen war.

Erwin war ebenfalls bei vielen Rennen ein zuverlässiger Begleiter. Als er in mein Team kam, war er sehr krank. Von mehreren Krebserkrankungen hat er eine linksseitige Gesichtslähmung davongetragen und kann sich seit 20 Jahren nur von Astronautennahrung ernähren. Durch die Erfahrung, Teil eines erfolgreichen Teams zu sein, hat er aber Mut und Energie geschöpft, um der Krankheit zu trotzen. Glücklicherweise geht es ihm heute wieder besser. Erwin ist auf seine Art ein Extremsportler, allerdings in einem Kampf auf Leben und Tod.

Ich bin heute noch regelmäßig mit den meisten meiner ehemaligen Betreuer und Teammitglieder in Kontakt und pflege zu ihnen freundschaftliche Beziehungen. Leider nicht mehr zu allen.

Axel war ebenfalls mit Begeisterung bei der „Tour de France nonstop" und den XXAlps dabei. Ich habe ihn nach einem schweren Schicksalsschlag in unser Team aufgenommen, damit er auf andere Gedanken kommt und vielleicht durch neue Erfahrungen Hoffnung und Zuversicht schöpft. Seine Frau stürzte kurz zuvor in den Bergen vor seinen Augen in den Tod. Seine beiden Töchter waren damals 13 und 14 Jahre alt und mussten von heute auf morgen erwachsen sein.

Axel erlag im 61. Lebensjahr einem Krebsleiden.

Rainhard ging in Pension und freute sich darauf, mir wieder mehr behilflich sein zu können. Acht Monate später war er in Folge eines Lungentumors auf 46 kg abgemagert und sagte auf dem Sterbebett zu mir: „Du Franz, jetzt habe ich endlich das Idealgewicht, um dich am Berg abhängen zu können." Er fuhr mit mir nicht mehr auf den Berg, sondern ging seinen letzten Weg in den Tod.

Joschi begleitete mich mehrmals beim Glocknerman und in der Schweiz. Er wurde 2016 beerdigt. Dazu zwei Anekdoten, die ich mit Joschi erlebt habe. Bei meinem ersten Glocknerman-Sieg im Jahr 1999 war er als Chefcoach dabei. In Bad Gastein, um ca. 2:00 Uhr morgens, es schüttete in Strömen und ich fuhr zu schnell auf einen Kreisverkehr zu, vor mir tauchte plötzlich ein Straßenschild auf, ich konnte nicht mehr ausweichen und die Folge war ein schwerer Sturz. Nachdem ich mich vom Schrecken erholt hatte, half mir Joschi wieder auf die Beine. Ein Abdruck des Richtungspfeilers befand sich auf meinem Bauch, die Hand war stark geschwollen und Joschi meinte lapidar: „Fahr weiter, du hast nur 20 Minuten Vorsprung auf den Deutschen Kurt Peschke!" Ich protestierte: „Und meine linke Hand? Ich kann nicht schalten, sie ist stark geprellt!"

„Schalten kannst auch rechts, und außerdem ist es gscheit, wenn du den Handschuh ausziehst, denn bei diesen Temperaturen ersparst du dir den Coolpack und die Schwellung geht bald zurück! *(Einige Zeit später sank die Temperatur am Großglockner auf minus fünf Grad!)* Du bist nicht auf Urlaub, also fahr jetzt endlich weiter!" Und so spulte ich meine Kilometer ab und gewann dieses Rennen dank Joschis beinhartem Coaching.

Im darauffolgenden Jahr war er an der erfolgreichen Titelverteidigung beteiligt. Nach rund 600 km hatte ich einen sogenannten Hungerast, d. h. die Glykogenreserven der Muskelzellen waren erschöpft, dem Blut wurde Glukose für die Energiebereitstellung entzogen, was zu einer Unterzuckerung führte. Es ging nichts mehr. Es war 4.00 Uhr früh und ich sagte zu Joschi: „Bringt mir ein Honigsemmerl!" Er lachte und dachte anfänglich, dass es sich um einen Scherz handle. Er merkte schnell, dass ich nicht zu Scherzen aufgelegt war und verschwand mit dem Begleitfahrzeug. Kurze Zeit später tauchte er wieder auf und reichte mir die gewünschten Semmeln: eine mit Honig, eine mit Marmelade und eine mit Schokocreme. Ich hielt an, zitterte beim Absteigen und fühlte mich unendlich schwach. Der 20-minütige Vorsprung, den ich bis zum Zeitpunkt meines körperlichen Einbruchs herausgefahren hatte, schmolz dahin. Der Einfachzucker in Honig, Marmelade und Schokocreme tat schnell seine Wirkung und meine Speicher waren rasch wieder gefüllt. Ich war wieder bei Kräften und entschied das Rennen für mich. Dank Joschis Improvisationstalent.

Diese Todesfälle in kurzer Zeit haben mich sehr getroffen und sie beschäftigen mich immer noch. Ich denke an die vielen schönen Episoden und Erfolge zurück, die ich mit meinen verstorbenen Freunden erreichte und freue mich, dass sie mich gerne unterstützten und wir eine gemeinsame Zeit erlebten.

Aber ich war auch Geburtshelfer von dauerhaften Liebesbeziehungen. Bei meinem Tour-de-France-Nonstop-Projekt im Jahr 2005 kam Gerhard, ein ehemaliger Konkurrent, der sich eine

Auszeit vom aktiven Extremradsport nahm, in mein Team. Dabei lernte er Rosmarie aus Nauders kennen, die als Betreuerin dabei war, da sie fließend Französisch sprach. Sie verliebten sich, sind heute glücklich verheiratet und Eltern zweier Kinder.

Franzi, das ist unser Game

Bei einem 24-Stunden-Radrennen geht es nicht darum, eine vordefinierte Strecke von A nach B zu bewältigen, so wie beispielsweise beim Ötztalmarathon oder beim Race Across America, sondern es geht darum, eine möglichst große Distanz in dieser vordefinierten Zeit zurückzulegen. 24-Stunden-Radrennen werden auf Rundkursen ausgetragen. Sieger ist der Fahrer, der nach genau 24 Stunden die meisten Runden zurückgelegt hat.

Für viele Langstrecken-Radsportler ist die Teilnahme als Solofahrer an einem 24-Stunden-Rennen reizvoll, um die eigenen Grenzen auszuloten und neue, bisher unbekannte Erfahrungen zu machen. Anders als bei klassischen Radrennen fährt man auch nachts, man erlebt sowohl die Abend- als auch die Morgendämmerung auf dem Rad, was nicht nur in sportlicher Hinsicht, sondern auch in organisatorischer Hinsicht eine Herausforderung darstellt. Man benötigt ein Team von Betreuern und Helfern. Das alles macht die besondere Faszination von 24-Stunden-Rennen aus. Jeder, der diese Herausforderung meistert und das Ziel erreicht, ist ein Sieger.

Mein Anspruch nach meinen Erfolgen beim Glocknerman, beim Race Across America und dem Doppelötzi war allerdings, um den Rennsieg mitzukämpfen, im besten Fall also ein Rennen nach 24 Stunden als Erster zu beenden. Ein komplexes und ebenso herausforderndes Unterfangen. Es erfordert jahrelanges kontinuierliches, intensives Training mit hohen Trainingsumfängen auf vielen, vielen tausend Kilometern. Bei schönem und schlechtem Wetter, an extrem heißen Tagen und an sehr kalten Tagen. Es erfordert viel Erfahrung in körperlicher und mentaler Hinsicht, um über die lange Dauer eines vollen Tages Höchstleistungen auf dem Rennrad zu vollbringen. Es erfordert ein perfektes Zusammenspiel von Ernährung, Körperwahrnehmung, Konzentration, Rennstrategie und das Treffen von richtigen Entscheidungen. Ich muss beispielsweise hochkonzentriert sein, wenn ich stundenlang im Dunkeln bei Geschwindigkeiten von 40–50 km/h im Windschatten von Staffelteams fahre. Dabei darf ich keinesfalls überpacen, d. h. die anaerobe Schwelle überschreiten. Das würde im weiteren Rennverlauf, nach zwölf, 16, 20 oder auch 23 Stunden unweigerlich zu einem Einbruch führen und meine Ambitionen zunichtemachen. Ich muss antizipieren können, ob ich mich bei einsetzendem Regen umziehen muss, oder kurz-kurz (kurze Radhose, kurzes Radshirt) weiterfahren kann. Jedes Anhalten, sei es auch nur um Verpflegung aufzunehmen, kostet Zeit und könnte den Rennsieg kosten. Wann kann ich als Führender Tempo herausnehmen, um den Verfolgern nicht den Eindruck zu vermitteln, ich hätte eine Schwächephase und sie dadurch vielleicht nochmals zu motivieren?

Man darf sich 24-Stunden-Rennen nicht als elitäre Veranstaltungen vorstellen, bei denen ein paar Dutzend hartgesottener Extremsportler antreten. Mittlerweile sind diese Rennen Teil von Radsportgroßveranstaltungen mit tausenden bis abertausenden Teilnehmerinnen und Teilnehmern, die in unterschiedlichen Rennformaten antreten. Daneben gibt es ein buntes Rahmenprogramm mit Musik, Fahrerpartys, Radexpos, Testcenter, VIP-Lounges und vielem mehr.

Ich bin sehr stolz darauf, alle Klassiker unter den 24-Stunden-Rennen in Österreich, der Schweiz, in Frankreich und in Deutschland gewonnen zu haben und die Szene über einige Jahre bestimmt zu haben.

Ein Klassiker unter den 24-Stunden-Rennen in Europa war das 24 H World Cycling Race in Schötz, im Schweizer Kanton Luzern. Es galt als schnellstes aller 24-Stunden-Rennen. Der Sieger erhielt einen Eintrag im „Goldenen Buch von Schötz". Ich nahm im Jahr 2004 daran teil, meine Konkurrenz damals war die gesamte Schweizer Langstreckenelite. Windschattenfahren war explizit erlaubt, was insofern taktische Spielräume eröffnete, als man als Einzelfahrer versuchen konnte, sich an den Pulk der schnellsten Staffelteams anzuhängen, die sich in Dreier-Teams alle paar Runden à durchschnittlich 15 Minuten abwechseln konnten. So man diesen Windschatten auch über eine Distanz von knapp 1 000 Kilometern halten kann, werden doch Geschwindigkeiten von durchgehend 45–50 km/h gefahren. Oder, noch besser, man organisiert sich im Vorfeld als Solofahrer ein Staffelteam, das einen unterstützt, indem die Mitglieder des Teams dem Solofahrer ständig den Windschatten bieten, was natürlich ein wesentlich höheres Tempo ermöglicht. Ich war in ausgezeichneter Form und mein Ziel war ein Platz auf dem Podium. Das Rennen war unglaublich schnell und ich versuchte, das Tempo der Gruppe der besten Staffelteams im Windschatten zu halten. Nach rund zehn Stunden erhielt ich um zwei Uhr morgens von meinem Team die Info, dass nur mehr der Schweizer Rolf Angst, der mit seinem Team hervorragend harmonierte, mit mir in der gleichen Runde war und zudem noch in der gleichen Gruppe fuhr. Ich freute mich über diesen Rennverlauf und dachte: „Gut so, dann bist du zumindest Zweiter", der nächste Gedanke beschäftigte sich allerdings mit dem möglichen Sieg.

Das Rennen war unglaublich hart, es gab zahlreiche Attacken, mit Rundenschnitten von bis zu 45 km/h. Ich konnte den Anschluss halten ohne zu überpacen. Nach 23 Stunden war keine Schwäche von Rolf Angst erkennbar und zu Beginn der letzten Runde war mir klar, dass es auf einen Zielsprint hinauslaufen würde. Unglaublich, nach knapp 24 Stunden und über 940 Kilometern. Ich analysierte die Ausgangsposition, um eine Strategie zu entwickeln, denn ich wollte dieses Rennen unbedingt gewinnen. In dieser Situation kamen mir meine Erfahrungen bei den Elitestraßenfahrern zugute. Ich fuhr in einer Gruppe von neun Schweizern, acht davon Staffelfahrer, die natürlich ihren Landsmann unterstützten. Ich sah meine einzige Chance darin, meinen Gegner zu überraschen. Das konnte ich nur, wenn ich den Sprint möglichst früh anzog, wenn niemand damit rechnete und darauf hoffen, bis zur Ziellinie durchziehen zu können, ohne dass mich vorher die Kräfte verließen. Die Schweizer hielten das Tempo mit 50 km/h natürlich sehr hoch, um mir keine Gelegenheit zu bieten, in der letzten Runde noch einen Ausreißversuch zu starten.

500 m vor dem Ziel, bei einem leichten Gefälle, nahmen die Schweizer etwas Tempo raus, um Körner für den Zielsprint zu sparen. Ich witterte meine Chance und startete meine alles entscheidende Attacke. Ich steckte meine Nase in den Wind und zog voll durch. Es gab nur diesen einen Versuch. Ich musste nur vor einem Schweizer die Ziellinie überqueren, die anderen konnten mir egal sein. Ich konzentrierte mich nur auf mich und holte alles aus meinem müden Körper heraus, die Beine wurden schwerer und schwerer, 500 Meter konnten unsagbar lang sein. Ich gewann nach 24 Stunden und 950 km mit einem Vorsprung von 0,5 sec und hatte so viel Milchsäure in den Beinen, dass ich nicht einmal mehr die Kraft zum Jubeln hatte! Zu diesem Zeitpunkt bedeutete die in 24 Stunden zurückgelegte Strecke von 950 km auch österreichischen Rekord. Die Durchschnittsgeschwindigkeit lag, man mag es kaum glauben, bei 39,6 km/h. Ich war überglücklich, dieses legendäre 24-Stunden-Rennen gewonnen zu haben. Seit 2012 wird das 24-Stunden-Rennen in Schötz nur mehr in der Mountainbike-Version ausgetragen.

Ein besonderes 24-Stunden-Rennen, das ich 2006 gewinnen konnte, war das Cyclemania in Garching an der Alz, nahe der Grenze zum oberösterreichischen Innviertel. Das Besondere an diesem Rennen war die Verbindung von Sport und Benefiz. Jedes Team bzw. jeder Fahrer suchte sich im Vorfeld einen Paten, der für jeden gefahrenen Kilometer einen gewissen, selbst festgelegten Betrag zahlte, z. B. 40 oder 50 Cent – die Skala war nach oben offen. Die Einnahmen in Höhe von über 20 000 Euro kamen Projekten zugute, die benachteiligte Kinder unterstützten.

Eines der tollsten 24-Stunden-Rennen, das sich über die Jahre zu einem richtigen Radsportvolksfest und Klassiker entwickelt hat, ist der 24-Stunden-Radmarathon in Grieskirchen in Oberösterreich. Dieser Radmarathon, der jedes Jahr Anfang Juli veranstaltet wird, zählt in Österreich unter den Teilnehmerinnen und Teilnehmern zu den beliebtesten, da die Kombination aus Professionalität, Enthusiasmus und Engagement der Organisatoren, Sponsoren und Unterstützer sowie der Zuspruch der Bevölkerung hier einzigartig ist.

Ich nahm insgesamt viermal, in den Jahren 2007, 2008, 2010 und 2012 daran teil und war ebenso oft erfolgreich. Der wohl schwierigste Sieg war jener im Jahr 2012. Ich war nach meinen drei Erfolgen in der Rolle des Gejagten. Zudem war ich mit knapp 50 Jahren ein Oldie der Szene und für viele jüngere Fahrer war es ein besonderer Ansporn, den Altmeister und Seriensieger von Grieskirchen zu bezwingen. Ich lag nach rund elf Stunden auf dem 21,5 km langen Rundkurs gut im Rennen und fuhr im Spitzenfeld. Bis mir gegen 23.00 Uhr im Stadtzentrum, nach einem leicht abschüssigen Teilstück, im Pulk einer Fahrergruppe ein Teilnehmer durch eine Unaufmerksamkeit gegen das Hinterrad fuhr. Ich kam bei einer Geschwindigkeit von ca. 45 km/h zu Sturz, meine Schulter schmerzte höllisch. Zudem trug ich großflächige Hautabschürfungen an der linken Schulter und am Rücken davon. Trotzdem stieg ich wieder auf das Rad und fuhr weiter. Ich überlegte, im wenigen hundert Meter entfernten Start-Ziel-Bereich den Rennarzt aufzusuchen. Allerdings hatte ich nach wie vor den Ehrgeiz und den Willen, das Rennen trotz dieses Missgeschicks zu gewinnen. Also verzichtete ich kurzerhand auf die medizinische Behandlung, die zu viel Zeit gekostet hätte. Ich versuchte, die starken Schmerzen im Schulterbereich so gut es ging auszublenden. Gerhard hatte unseren Verpflegungsstützpunkt wohlweislich außerhalb des stark frequentierten Start-Ziel-Bereichs, an dem jede Runde die Staffelwechsel stattfanden, am Beginn einer Steigung aufgebaut. Dort konnte ich wesentlich stress- und risikofreier die Verpflegung entgegennehmen. Im Gegensatz zu vielen anderen 24-Stunden-

Rennen, bei denen es vorgeschriebene Verpflegungszonen gab, war dies den Solofahrern in Grieskirchen freigestellt. Im Vorbeifahren informierte ich ihn über meinen Sturz und bat ihn, Verbandsmaterial vorzubereiten. Nach ein paar weiteren Runden blieb ich kurz stehen und ließ mir im Rahmen einer Verpflegungspause kurz die Wunde verbinden. Der Verband war allerdings viel zu klein, er bedeckte nur gut die Hälfte der Abschürfungen. In der Nacht wurden die Schmerzen, wohl aufgrund der tieferen Temperaturen, etwas erträglicher. Vermutlich hätten viele andere das Rennen aufgegeben und sich in das Grieskirchner Krankenhaus zur Röntgenuntersuchung begeben. Als erfahrener Extremsportler hat man aber eine andere Beziehung zu Schmerzen. Sie gehören bei Extrembelastungen einfach dazu. Man gewöhnt sich daran. Solange ich noch irgendwie weiterfahren konnte, gab ich auch nach Stürzen keinesfalls ein Rennen auf. Ich hatte auch nach den vielen Erfolgen die Selbsthärte und den unbedingten Ehrgeiz zu gewinnen. Und ich gewann das 24-Stunden-Rennen von Grieskirchen erneut. Nicht nur das: Mit 39 Runden und 838,5 km überbot ich auch noch den bisherigen Streckenrekord!

Die Schulter schmerzte auch noch in den nächsten Tagen und ich redete mir ein, dass die Prellungen wohl einige Zeit zum Ausheilen benötigten. Nach vier Wochen konsultierte ich meinen Freund und Orthopäden Jürgen Oberladstätter. Die ernüchternde Diagnose: Multiple Bänderrisse, die Rotatorenmanschette war im Eimer. Es gab natürlich eine Standpauke von Jürgen, da ich mich nicht sofort nach dem Rennen einer medizinischen Behandlung unterzogen hatte. Andererseits kannte mich Jürgen gut genug, um über meine Härte mir selbst gegenüber Bescheid zu wissen. Die Erfolgsaussichten einer Operation waren aufgrund meines Alters und des späten Arztbesuchs ungewiss und ich entschied mich dagegen. Ich habe allerdings kaum Bewegungseinschränkungen und kann nur hoffen, dass mir die Schulter auch im höheren Alter keine größeren Schwierigkeiten bereiten wird.

Als Siegesprämie erhielt ich in Grieskirchen jeweils ein hochwertiges Rennrad, von denen ich allerdings keines fahren konnte, da ich vertraglich an Simplon gebunden bin. Durch den Verkauf dieser Räder verschaffte ich mir ein kleines Zubrot, was von meinem Arbeitgeber, einem Axamer Sportartikelhändler, nicht so gern gesehen wurde. Durch meinen Bekanntheitsgrad und meine Erfolge verschaffte ich ihm andererseits viele Kunden und gute Umsätze, sodass er diese „Konkurrenz" verschmerzen konnte.

Am 2. August 2007, beim Abendessen am letzten Tag eines Radsportcamps in Sölden, das ich alljährlich im Hotel Alpina leite, erzählte ein deutscher Teilnehmer in der geselligen Abschiedsrunde euphorisch vom „Rad am Ring", einem Radsportevent, das auf der Nordschleife des Nürburgrings, einer der berüchtigsten Rennstrecken des Motorsports ausgetragen wird. Dort, wo Niki Lauda 1976 beim Formel 1 Grand Prix schwer verunglückte und nur knapp mit dem Leben davonkam und heute PS-starke Tourenwagenboliden beim legendären 24-Stunden-Rennen ihre Runden drehen, findet seit 2002 ein 24-Stunden-Rennen für Rennradfahrer statt.

Die nächste Auflage sollte am übernächsten Tag, also am 4. August 2007, stattfinden. Ein Wort gab das andere, ich war in Form und war bisher in Österreich, der Schweiz und in Frankreich erfolgreich gewesen. Nur in Deutschland hatte ich noch keinen 24-Stunden-Klassiker gewonnen und wer weiß, vielleicht gelang mir mit einer guten Leistung auch eine Berichterstattung im Tour-Magazin, Europas größter Rennrad-Fachzeitschrift. Mir als leichtgewichtigem Bergfahrer sollte die Topographie der Strecke, hügelig mit kurzen, steilen Rampen, ca. 580 Höhenmeter pro Runde, liegen. Kurzum, eine neue Herausforderung auf einer 26 km langen Rennstrecke.

Nürnberg ist ja nicht weit weg, eigentlich ein Katzensprung von Sölden entfernt, vielleicht 3½ Autostunden. Ich dachte kurzerhand über eine Spontanteilnahme nach und rief meinen Freund Paul an, ob er kurzfristig als Betreuer einspringen konnte. Wir vereinbarten, dass wir uns am Freitag, einen Tag vor dem Rennen, auf den Weg machten. Ich organisierte ein Leihauto vom Autohaus Falbesoner. Es hatte eine leicht skurrile Anmutung, als wir am nächsten Morgen aufbrachen: Das Franz-Venier-Miniteam im Toyota-Yaris-Kleinwagen, vollgepackt mit Rennrad, Sportverpflegung für 24 Stunden, Ersatzteilen, Zubehör, Bekleidung für alle Eventualitäten und einem Betreuer. Während andere Teams mit drei bis vier Betreuern und Motorhome nichts dem Zufall überließen.

Es war offensichtlich, dass meine Kenntnisse in Geografie unzureichend waren, vor allem was das Territorium der Bundesrepublik Deutschland betraf. Natürlich befindet sich der Nürburgring nicht bei Nürnberg, sondern in der Eifel, rund sieben Autostunden von Innsbruck entfernt, wie eine Recherche bei Google unmittelbar vor der Abfahrt, mit bereits laufendem Motor, ergab. Paul und ich waren kurz konsterniert. Konnte das stimmen? Es stimmte natürlich! Egal, wir fuhren zum Rad am Ring, um dort unser Bestes zu geben und nahmen auch den doppelt so weiten Anfahrtsweg in Kauf.

Zu meiner Ehrenrettung möchte ich anführen, dass dieser Fauxpas durch eine Verwechslung hervorgerufen wurde, die durch die Erinnerung an ein Rennen, das ich ein Jahr zuvor gewonnen hatte, ihren Ausgang nahm. Ich war damals beim Ultraradmarathon Nürnberg–Gardasee dabei, den ich mit großem Vorsprung gewinnen konnte.

Während Paul am Steuer Richtung Nürburgring saß, organisierte ich eine Unterkunft für die Nacht von Freitag auf Samstag und kündigte der Rennorganisation unser Kommen an, wobei mich bis zu diesem Zeitpunkt dort niemand kannte. In der Nacht vor dem Rennen schlief ich schlecht, da Paul neben mir ungeniert schnarchte. Am nächsten Morgen nach dem Frühstück besprachen wir die Renntaktik, den Ernährungsplan und ich begab mich zum Start. Es herrschte eine tolle Atmosphäre, tausende Teilnehmer in verschiedenen Rennklassen. Ich drängte mich nicht vor, denn aufgrund der kurzfristigen Anmeldung startete ich aus den hinteren

Mit dem Kleinwagen am großen Nürburgring

Siegerehrung 24-Stunden-Rennen Rad am Ring 2007

Startblöcken. Fasziniert von der Breite der Strecke, dem wunderbaren Asphalt, vom elf % starken Gefälle in der Fuchsröhre, einem markanten Streckenabschnitt, der in einen Gegenanstieg mündete, bei dem sich die Straße mit max. 18 % auf einer Länge von fünf km wieder um 300 Höhenmeter hochschraubte, begann ich das Rennen. In der Senke der Fuchsröhre war rechts eine digitale Geschwindigkeitsanzeige installiert, die meinen aktuellen Speed anzeigte: 92 km/h, 94 km/h, gebannt starrte ich auf die Anzeige und landete im Kiesbett. Eigentlich ein Ding der Unmöglichkeit, angesichts der Breite des Kurses. Wie ein Motocrossfahrer fuhr ich im Kies hinunter, mit Mühe konnte ich einen Sturz verhindern. Ein Streckenposten kommentierte die Szene: „Hey, hallo Junge, ist die Straße zu schmal für dich?" Hier hätte das Rennen für mich bereits in der zweiten Runde durch einen Sturz oder einen Defekt vorbei sein können. Glücklicherweise passierte nichts und ich ermahnte mich zur Konzentration. Die ersten sechs Stunden des Rennens waren durch die imposanten Eindrücke, die diese geschichtsträchtige Rennstrecke zu bieten hat, beeindruckend und kurzweilig. Nach sechs Stunden eines 24-Stunden-Rennens wollte ich meine Position wissen, um einzuschätzen, ob ich zulegen musste oder etwas an Tempo rausnehmen konnte. Diese Rennen werden am Ende entschieden und es empfiehlt sich, eher zurückhaltend zu beginnen. Ich war im Mittelfeld, arbeitete mich aber kontinuierlich nach vorne, nach zwölf Stunden war ich bereits im ersten Drittel des Solofahrerklassements. Nach 18 Stunden war ich an der zweiten Position und es sollte nur mehr eine Frage der Zeit sein, bis ich die Führung übernahm. Paul versorgte mich von der Boxenstraße aus mit Informationen zum Renngeschehen, mit Getränken, Kohlehydraten und Elektrolyten. Der Ernährungsplan musste zu 100 % eingehalten werden, um keine Unterzuckerung oder Dehydrierung zu riskieren. Auch für ihn ein harter Job. Er war 24 Stunden durchgehend beschäftigt und hielt sich mit Kaffee und Cola wach. Am Tag war es mit 35 °C im Schatten sehr heiß, in der Nacht kühlte es auf 9 °C ab und es kam starker Wind auf.

Für mich gab es keine Pausen. Das Niveau der Konkurrenten war mittlerweile in der Ultramarathonszene so hoch, dass man sich einfach keine Stehzeiten erlauben konnte, wenn man gewinnen wollte. Ich kann mich an eines meiner ersten 24-Stunden-Rennen am Attersee erinnern, bei dem ich eine zweistündige Schlafpause machte und dennoch Vierter oder Fünfter hinter dem Sieger, Wolfgang Fasching, wurde. Selbst zum Urinieren wird nicht angehalten, man lenkt diskret zum Fahrbahnrand und erledigt während der Fahrt sein Geschäft, was einiges an Übung und Geschicklichkeit erfordert. Ich hatte mittlerweile die Führung übernommen und kurz vor Ende des Rennens einen Vorsprung von einer Runde. Trotzdem war ich fokussiert und ließ nicht nach, es konnten jederzeit unvorhersehbare Dinge passieren, die den Sieg, der zum Greifen nahe war, zunichtemachten. Eine Reifenpanne beispielsweise, die dazu geführt hätte, dass ich 20 Kilometer auf der Felge fahren oder schlimmstenfalls mit dem Rad auf den Schultern ins Ziel laufen musste. Aber es ging alles gut. Nach 24 Stunden und einer Minute, nach 645 km und 14 700 Höhenmetern erreichte ich am Sonntag um 12.00 Uhr als Sieger das Ziel und stellte auch den Rekord von Wolfgang Fasching aus dem Jahr 2006 ein.

Es folgte das Siegerinterview und eine unvergessliche Siegerehrung, zu der ich mit einem Chevrolet Camaro durch die Boxengasse chauffiert wurde und in Formel-1-Manier auf der Siegertribüne Champagner spritzen ließ.

Viel Zeit zum Feiern blieb jedoch nicht. In einer Stunde mussten wir uns auf den Rückweg machen! Am folgenden Morgen, um 8.00 Uhr, sollte für mich der nächste Arbeitstag beginnen. Paul schlief bereits in der Koje der Boxengasse, er war fix und fertig. Ich fühlte mich leer und duschte, machte noch ein kurzes, 15-minütiges Powernapping, weckte Paul und setzte mich für die Rückfahrt ans Steuer. Ich fuhr nach einem gewonnenen 24-Stunden-Rennen von der Eifel nach Innsbruck durch. Das klingt leichtsinnig, aber ich war nicht eine Sekunde unkonzentriert. Gegen Mitternacht kamen wir nach Hause, für mich nach rund 40 Stunden Wachzustand.

Mein zweiter Auftritt am Nürburgring im Jahr 2013 stand leider unter keinem so guten Stern. In den Nachtstunden zog Nebel auf, der immer dichter wurde. Das eigene Scheinwerferlicht blendete mich, die Abfahrten mit einem Gefälle von bis zu 18 % mit Spitzengeschwindigkeiten von über 90 km/h wurden immer gefährlicher. In der Senke der Fuchsröhre ereigneten sich mehrere Stürze, in jeder Runde begegnete ich Rettungsfahrzeugen, die im Nebel mit Blaulicht verletzte Fahrer abtransportierten. Eine gespenstische Szenerie. Ein Weiterfahren im Blindflug war für mich nicht mehr zu verantworten. Nach rund zwölf Stunden gab ich gegen Mitternacht aus Vernunftsgründen auf und empfahl der Rennleitung, das Rennen abzubrechen, um nicht noch mehr Verletzte oder sogar Todesopfer zu riskieren. Um 2.00 Uhr morgens wurde das Rennen abgebrochen und um 6.00 Uhr wieder gestartet. Ich nahm das Rennen nicht wieder auf. Geblieben ist die Erkenntnis, dass der Nürburgring nicht bei Nürnberg liegt.

Einige Jahre war die Kraftwerk Trophy in Theiss bei Krems in Niederösterreich der klassische Saisonauftakt der Ultramarathonisti unter den Rennradfahrern in Österreich. Ich platzierte mich bei diesem Rennen mehrmals hinter dem Slowenen Jure Robic, dem fünffachen RAAM-Sieger, im Spitzenfeld. Jure Robic verunglückte 2010 leider tödlich bei einer Trainingsfahrt. Aus organisatorischen Gründen verlegten die Veranstalter, der Radsportverein „2RadChaoten", das Rennen im Jahr 2008 nach Donnerskirchen im Burgenland. Der Rundkurs führte sehr idyllisch durch die Weingärten und war schwierig zu fahren. Ich dominierte das Rennen nach zehn Stunden und die Schwierigkeit war, die restliche Zeit bis zum Ziel sozusagen abzuhocken, konzentriert zu bleiben und darauf zu achten, dass nichts mehr passierte. Die mediale Aufmerksamkeit galt aber nicht mir, als Sieger des 24-Stunden-Rennens, sondern einem Newcomer, der das Midnightrace, das 12-Stunden-Rennen, gewinnen konnte: Christoph Strasser, der einige Jahre später beim RAAM für Furore sorgen sollte. Geblieben ist von diesem Erfolg die Erinnerung an die Herzlichkeit und Gastfreundschaft der Burgenländer, die mir als Siegesprämie einen exzellenten Rotwein abfüllten – den „Franz Venier Entspannungstropfen". Da ich gerne in Gesellschaft ein Glas Rotwein trinke, bestelle ich heute noch alle Jahre einige Flaschen dieser Sonderedition.

Das Raid Provence Extreme ist kein klassisches 24-Stunden-Rennen, sondern ein Ein-Tages-Rennen über mehr als 600 km, bei denen zudem 10 000 Höhenmeter zu bewältigen sind. Es zählte zur UMCA, d.h., es gelten dieselben Regeln wie beim RAAM: Kontrollpunkte, Windschattenfahren ist verboten, ein Vergehen gegen die Rennordnung bedeutet eine Zeitstrafe von zehn Minuten, bei drei Vergehen wird man disqualifiziert. Maximal 50 Starter wurden zugelassen. Bei der Premiere des Raid Provence Extreme im Jahr 2004 siegte Wolfgang Fasching, der diesen Erfolg auch 2005 wiederholen konnte. Die Strecke führt quer durch eine der schönsten Gegenden, in denen ich je gefahren bin: durch die Provence in Südfrankreich. Highlights der Strecke sind die Durchquerung der Verdonschlucht, die auch als „Grand Canyon Europas" bezeichnet wird. Die Schlucht gräbt sich bis zu 700 m tief ein, die Straße ist charakterisiert durch ein ständiges Auf und Ab. Und dann natürlich der Mont Ventoux, einer der vielen Schicksalsberge der Tour de France. 1967 brach am Mont Ventoux der englische Radprofi Tom Simpson tot zusammen – in seinen Trikotaschen fand man Amphetamine. Er war das erste Dopingopfer des Radsports. Ihm zu Ehren und wohl auch als Mahnung wurde an der Stelle, an der er kollabierte und verstarb, eine Gedenkstelle errichtet.

Ich nahm erstmals 2007 am Raid Provence Extreme teil. Gleich in der Anfangsphase ging es auf den Mont Ventoux, der Anstieg ist über 20 km lang und ich lag in Führung. Am Gipfel überraschte uns ein Hagelunwetter, die Straße war mit Hagelkörnern übersät, die Sicht gleich null. Das Rennen wurde neutralisiert und ich fuhr die nächsten fünf km in meinem Begleitfahrzeug Richtung Tal. Das Wetter besserte sich und die Route führte uns durch endlose

Lavendelfelder. Ich lag weiter in Führung, gegen 23.00 Uhr setzte Regen ein, der immer stärker wurde. Mein Vorsprung schmolz auf den Abfahrten des hügeligen Terrains dahin. Ich verwendete zur Kompensation meiner Sehschwäche Kontaktlinsen, die durch den starken Regen bei den hohen Geschwindigkeiten unterspült wurden, sodass ich nichts sehen konnte. Einzig und allein ein Zeitfahrhelm wäre in dieser Situation eine Alternative gewesen. Der vorne mit einem Visier komplett geschlossene Helm konnte verhindern, dass Schmutz und Spritzwasser in meine Augen kamen. Nur war der verboten. So verlor ich nach 16 Stunden die Führung und beendete das Rennen hinter dem französischen Langstreckenspezialisten Rico Hugues an zweiter Stelle. Ich hatte also mit dem Raid Provence Extreme noch eine Rechnung offen. Im darauf folgenden Jahr startete ich den nächsten Anlauf, um diesen Ultramarathon, der mittlerweile in der europäischen Langstreckenszene einen hohen Stellenwert genoss und zu den schwierigsten Ein-Tages-Rennen zählt, zu gewinnen. Nach unserer Ankunft Ende Mai 2008 war ich müde und entschied, mich zu erholen, während mein Teamchef Gerhard Lechner und mein zweiter Betreuer Paul um 18.00 Uhr das Pre-Race-Meeting besuchten, um die aktuellsten Informationen zum Rennen zu bekommen. Ich erkundigte mich nachher bei Gerhard nach diesem Briefing und bekam zur Antwort: „Es passt alles soweit." Ich insistierte: „Ja, aber was genau haben die Organisatoren mitgeteilt?" „Na ja, es gibt da eine Umleitung, aber sonst ist alles im grünen Bereich." Ich hatte da eine Vermutung, die sich gleich darauf bestätigte. Das Pre-Race-Meeting vor ca. 30 Franzosen, 20 Deutschen und zwei Österreichern wurde in französischer Sprache abgehalten – meine Betreuer hatten kein einziges Wort verstanden! Dies tat meiner Zuversicht allerdings keinen Abbruch, ich erkundigte mich bei bekannten deutschen Fahrern nach den wichtigsten Informationen.

Dieses Mal macht mir der Regen keinen Strich durch die Rechnung, ich gewann das Rennen souverän nach einer Fahrzeit von 19 Stunden und zwei Minuten mit 17 Minuten Vorsprung vor dem

Gruppenbild mit Gerhard und Albin am Mount Ventoux, nach einer Trainingsfahrt vor dem Raid Provence Extreme

Siegerehrung Raid Provence Extreme 2008

Vorjahressieger und Lokalmatador Rico Hughues. Das Siegerinterview gab ich auf Englisch, niemand nahm von mir Notiz. Das sollte mir eine Lehre sein.

Die französische Tageszeitung „Le Provence" brachte allerdings am nächsten Tag einen Artikel über meinen Erfolg mit dem Titel „Mit dem Sieg des Österreichers Venier ist ein Mythos wiedergeboren" und einem Statement des Organisators Patrick Francois:

„Der Extremsport hat seine Idole, seine Legenden, seine Monster. Wolfgang Fasching und Franz Venier gehören zu ihnen. Venier hat gewonnen, weil er der Beste war. Franz fuhr den französischen Zweitplatzierten Rico Hughues in Grund und Boden und verhinderte somit dessen dritten Erfolg. Das Raid Provence ist einer der schwierigsten Klassiker in der Langstreckenszene" – so Patrick Francois.

Das Raid Provence Extreme wurde zu einem meiner Lieblingsrennen. Selbstverständlich nahm ich auch 2009 wieder daran teil. Der Start erfolgte traditionellerweise in Bedoin, am Fuße des Mont Ventoux, der auch „Gigant der Provence" genannt wird. Charakteristisch ist sein kahler, weißer Gipfel, inmitten einer kargen Felswüste gleicht er einer Mondlandschaft, fast ständig umweht vom Mistral. Daher der Name, der übersetzt so viel wie „Windiger Berg" bedeutet.

Etwa zwei Monate später kam es hier bei der Bergankunft auf der vorletzten Etappe der Tour de France zum großen Showdown: Man erwartete den entscheidenden Angriff auf das Gelbe Trikot beim Comeback von Lance Armstrong. Allerdings kam es ganz anders. Der Spanier Juan Manuel Garate gewann als Ausreißer, sein Landsmann Alberto Contador verteidigte souverän das Gelbe Trikot und fuhr am nächsten Tag als Sieger am Champs-Élysée in Paris ein. Wie die Geschichte um Lance Armstrong ausging, ist bekannt: Er wurde unehrenhaft vom Radolymp gestürzt, nachdem er auf Grundlage einer erdrückenden Beweislast umfangreiche Dopingmachenschaften gestand. Seine sieben Tour-de-

France-Siege wurden aberkannt. Ein Jahr später wurde Alberto Contador der Tour-de-France-Sieg des Jahres 2010 aufgrund eines Dopingvergehens aberkannt.

Gemeinsam mit dem Col du Tourmalet, dem Col du Galibier und der Stichstraße nach Alp d'Huez zählt der Mont Ventoux zu den bekanntesten Anstiegen der Tour de France.

Bei meinem Antreten im Jahr 2009 begleiteten mich Gerhard Lechner und Erwin Einödter im Pace-Car und Uwe als Kameramann. Am Gipfel des Mont Ventoux erkundigte ich mich bei Uwe, der für die Kameraaufnahmen vorausgefahren war, nach meiner Platzierung. Ich war an zwölfter Stelle, was mich verwunderte, da ich mich sehr gut fühlte und der Meinung war, ein hohes Tempo zu fahren. Seit der Anfangsphase des RAAM verwendete ich keinen Radcomputer, einziger elektronischer Begleiter war eine Pulsuhr. Wir hatten zwar beim RAAM eine Funkverbindung eingerichtet, allerdings empfand ich den Ohrstöpsel in meinem Ohr als Fremdkörper, die Vorstellung, tagelang damit herumzufahren, war für mich unerträglich. Zusätzlich lenkte mich die Vielzahl an Informationen, die moderne Radcomputer liefern, zu sehr von den wesentlichen Dingen ab, sodass ich seither neben der drahtlosen Funkverbindung auch auf die Verwendung eines Radcomputers verzichtete. Mir war auch die direkte Kommunikation mit meinen Betreuern wichtiger. Wenn ich Informationen benötigte, fuhr ich zur Beifahrerseite des Begleitfahrzeuges und sprach mit meinem Team. Ich wurde dadurch aber auch manipulierbarer, mein Team nutzte diese anachronistische Angewohnheit bisweilen zur Desinformation. Als ich beim RAAM im letzten Viertel physisch müde und ausgelaugt und psychisch ausgebrannt war, fragte ich ständig, wie viele Kilometer noch zu fahren wären. Uwe sprach von 800 Kilometern bis zum Ziel. In Wahrheit waren es nicht 800 Kilometer, sondern Meilen, tatsächlich also über 1 200 Kilometer! Natürlich war das keine Bosheit, sondern die Verheißung des baldigen Ziels sollte meine Motivation in meinem angeschlagenen

Zustand nochmals erhöhen. Uwe wusste, was er tat, letztendlich ging es darum, meine Ziele zu erreichen.

Ich war über meine Position am Mont Ventoux nicht beunruhigt, da ich wusste, dass dieses Rennen nicht am Beginn entschieden wurde. Vorentscheidend ist die Fahrt durch die Schluchten von Verdon nach ca. 270 km. Auf einer atemberaubenden Strecke von ca. 100 km ging es ständig bergauf und bergab, die Anstiege summierten sich auf diesem Abschnitt auf rund 2 000 Höhenmeter. Kurze und längere Anstiege mit Rampen bis zu 14 Steigungsprozenten. Ideal, um meine Stärken als Bergfahrer ausspielen zu können. Ich hoffte nur, bald Fahrer vor mir zu sehen, denn die Sichtbarkeit eines Konkurrenten, sei es am Tag oder als roter Lichtpunkt in der Nacht, war für mich ein zusätzlicher Ansporn. Und meine Taktik ging auf, ich überholte einen Fahrer nach dem anderen, die ihrem hohen Anfangstempo am Mont Ventoux Tribut zollen mussten, und übernahm die Führung. Um drei Uhr morgens war ich nach einer Schrecksekunde hellwach: Bei einer Abfahrt mit einer Geschwindigkeit von rund 80 km/h überquerte unmittelbar vor mir ein Wildschweinrudel die regennasse Fahrbahn. Nur mit viel Glück konnte ich eine Kollision vermeiden. Noch heute schaudert es mir bei dem Gedanken, welche Folgen ein Sturz infolge eines Zusammenstoßes hätte haben können.

Am Ausgang der Schlucht ging es in eine Ebene, nach rund 60 Kilometern folgten die letzten Anstiege über die Bergkette der Alpillen, bevor es ins Ziel nach Saint Rémy de Provence ging. Und da passierte ein Missgeschick. Ich hatte eine Reifenpanne, von meinem Begleitfahrzeug war allerdings keine Spur zu sehen. Uwe mit dem Kamerafahrzeug war bei mir und fuchsteufelswild. Hektisches Telefonieren, es stellte sich heraus, dass sie sich verfahren hatten. Mein Vorsprung schmolz auf acht Minuten zusammen, bis die Betreuer kamen und mein Laufrad wechselten. Es gab eine ordentliche Schelte von Uwe, der in solchen Situationen gnadenlos war. Dazu kam, dass meine Verfolger, ehemalige französische Profis und Tour-de-France-Teilnehmer, auf Zeitfahrmaschinen gewechselt waren, die eine wesentlich aerodynamischere Position und damit höhere Geschwindigkeiten auf einer ebenen Strecke ermöglichten. Ich war erfahren genug und hatte aufgrund meines Vorjahressieges genug Selbstvertrauen, um mich dadurch nicht aus der Ruhe bringen zu lassen. Ich versuchte ruhig zu bleiben, meinen Rhythmus zu finden und auf meine Stärke zu vertrauen: der letzte Anstieg. Ich holte alles heraus, was nach 20 Stunden und knapp 600 Kilometern noch in mir steckte. Meine Verfolger brachen ein. Uwe wartete vor der Abfahrt in den Zielort auf der Passhöhe, um uns den aktuellen Vorsprung mitzuteilen und konnte es kaum glauben: Ich hatte über zwanzig Minuten herausgeholt und fuhr vor dem Franzosen Jean Pascal Roux einem ungefährdeten Sieg entgegen. Ich war einfach zu schnell, auch für die Organisatoren. Denn als ich etwa gegen 10.30 Uhr nach 21 Stunden und 25 Minuten das Ziel erreichte, war dieses noch gar nicht aufgebaut. Man rechnete erst zwei Stunden später mit der Ankunft des Siegers. Uwe, Gerhard und Erwin waren begeistert von meiner Leistung.

Und ich hatte meine Lektion aus dem Vorjahr gelernt. Mein Siegerstatement in französischer Sprache hatte ich voller Zuversicht einstudiert: „Je suis extremement heureux d'avoir gagné de nouveau la course Raid Provence Extreme. La course a été très dure, mais je reviens toujours très volontiers. Elle est ma préférée! Je me sens très á l'aise ici, j'aime le paysage et l'hospitalité des gens." *(Ich bin überglücklich, das Raid Provence Extreme wieder gewonnen zu haben. Es war wieder ein sehr hartes Rennen. Ich komme immer gern hierher, es ist eines meiner Lieblingsrennen. Ich liebe die Landschaft und die Gastfreundschaft der Menschen hier.)*

Mit dieser Rücksichtnahme auf den Nationalstolz der Franzosen hatte ich mir, neben meiner sportlichen Leistung, den vollen Respekt der Organisatoren und des Publikums gesichert.

Im darauffolgenden Jahr 2010 schaffte ich den Hattrick. Ich gewann zum dritten Mal en suite das Raid Provence Extreme, nach

22 Stunden sieben Minuten, und hatte einen Vorsprung von fünf Minuten auf den Franzosen Laurent Moulineau und von rund 13 Minuten auf den Deutschen Achim Heinze.

Geblieben ist die Faszination für die Provence. Ich verbringe seither jeden Sommer zwei Wochen in Südfrankreich. Ich verbinde dabei einen Familienurlaub mit einem von mir geleiteten Radsportcamp, dessen Höhepunkt die Befahrung des Mont Ventoux ist. Es sind die Ursprünglichkeit, die Härte dieses Landstrichs, der Duft der Lavendelfelder, die Weinberge am Fuße des Mont Ventoux, die riesigen Olivenhaine, die jahrhundertealte Architektur der Dörfer, die gemeinsam mit der Gastfreundschaft und Gemütlichkeit der Menschen eine unglaubliche Atmosphäre erzeugen. Kein Touristen-Hotspot wie Nizza oder Cannes, sondern herrlich verschlafen und nach zwei Tagen in der Provence bin ich tiefenentspannt.

Familie Venier in der Provence

Das Race across The Alps (RATA) gilt als härtestes Ein-Tages-Radrennen der Welt. Es wird im Dreiländereck Österreich-Italien-Schweiz ausgetragen. Start und Ziel ist in Nauders am Reschenpass. Auf einer Streckenlänge von 525 km sind 13 700 Höhenmeter, verteilt auf elf Pässe, zu bewältigen. Zunächst geht es über den Reschenpass zum Stilfserjoch, der „Königin der Alpenpässe", mit 2 757 m das Dach des RATA, dann geht es hinunter nach Bormio, dem bekannten Schiort, es folgt der gefürchtete Gaviapass (2 655 m). Weiter geht die Berg- und Talfahrt nach Edolo, hinauf zur Skistation Aprica (1 176 m), runter nach Tresendo hinüber nach Tirano, um den berüchtigten Mortirolo (1 846 m) zu bezwingen, einen der härtesten Anstiege des Giro d'Italia. Die zweite Auffahrt nach Aprica ist diesem Abstecher über den Mortirolo geschuldet, bevor es in die Schweiz über den Bernina (2 230 m) geht. Das ist ein Knackpunkt des RATA, der Anstieg ist 30 km lang, man ist gegen Mitternacht bereits müde, bevor es hinunter in das Engadin geht. Bis zum Albulapass (2 306 m) sind es nur 600 Höhenmeter, es folgt eine lange Abfahrt, meistens bei Nebel, nach Davos. Im Morgengrauen fährt man über den Fluelapass (2 308 m) und den Ofenpass (2 146 m), anschließend geht es hinunter nach Santa Maria, bevor es über den Umbrailpass (2 505 m) nochmals auf das Stilfserjoch und zurück nach Nauders geht.

 Und das kam so zustande: Rund um den populären Dreiländergiro, einem Radmarathon für ambitionierte Breitensportler, sollte ein richtiges Rennwochenende mit einem Extremradrennen entstehen, um der Tourismusdestination Nauders im Sommer noch mehr Strahlkraft zu verleihen. Auf den Spuren einer Strecke, die Othmar Peer einst im Rahmen einer Dreitagestour abgefahren ist, sollte das Race across the Alps, begrifflich in Anlehnung an das Race across America, entstehen. Mit Karte und Höhenmesser fuhren Othmar Peer, Max Wassermann (damaliger Organisator des Dreiländergiros) und ich im Jahr 2000 die Strecke ab.

 Nach der langen Autofahrt wollte Othmar nach dem Ofenpass möglichst schnell über den Vinschgau zurück nach Nauders. Ich protestierte: „So geht das nicht, die Burschen sollen an ihre Grenzen gehen, daher nochmals über den Umbrailpass ein zweites Mal auf das Stilfserjoch." Wir vereinbarten einen Probelauf mit mir als Testpilot. Es galt auszuloten, ob diese Monstertour in einem Tag überhaupt zu fahren war. Begleitet von einem ORF-Kamerateam fuhr ich die Strecke, für meine Verhältnisse locker, in 27 Stunden ab. Wobei mir ein Wintereinbruch am Albulapass zu schaffen machte, als meine Bremsen bei der Abfahrt einfroren. Ich schrie zu Uwe in das Begleitfahrzeug: „Ich kann nicht mehr bremsen, die Bremse ist eingefroren." Uwe empfahl: „Dann nimmst du halt die Füße." Und so bremste ich mit den Radschuhen und kam mit Mühe zum Stillstand.

Das RATA wurde erstmals 2001 ausgetragen. Es wurden rund 30 der besten Extremradsportler aus Europa und den USA ausgewählt, die in der Lage waren, diese Herausforderung, die aufaddiert ungefähr die Strecken und Höhenmeter der Radmarathons „Dreiländergiro", „Ötztalmarathon" und „Dolomitenmarathon" zusammen ergeben, in max. 32 Stunden zu bewältigen. Als Mitinitiator war ich natürlich bis in die Haarspitzen motiviert. Die Streckenführung sollte mir als Bergspezialist liegen, das Medieninteresse war enorm. Doch meine Kurzsichtigkeit erwies sich wieder einmal als Handicap. Der starke Regen während des Rennens unterspülte meine Kontaktlinsen, ich sah nichts mehr und musste am Flüelapass vom Rad, um eine Zwangspause einzulegen und ein Nachlassen des Niederschlags abzuwarten.

Das Reglement verbot auch hier die Verwendung eines Zeitfahrhelmes mit geschlossenem Visier. Deprimiert und motivationslos fuhr ich das Rennen zu Ende und wurde Dreizehnter. Ich zweifelte allerdings nicht an meinen grundsätzlichen Fähigkeiten, im Spitzenfeld von Extremradrennen mithalten zu können und sah das Rennen, trotz des Misserfolgs, als wichtige Vorbereitung für das RAAM.

Premierensieger des ersten RATA wurde Gerrit Glomser mit einer Zeit von 22 Stunden und 33 Minuten. Der Salzburger Radprofi sollte in den Folgejahren zweimal die Österreich-Radrundfahrt gewinnen.

Ich hatte also noch eine Rechnung mit dem RATA offen. Im nächsten Jahr ging ich nur zwei Wochen nach meinem RAAM-Abenteuer an den Start und wurde knapp vor Wolfgang Fasching Fünfter – eine große Genugtuung für mich, war doch die gesamte damalige Weltelite am Start, im Jahr 2003 belegte ich als bester Österreicher den vierten Rang.

Mein letztes Extremradrennen, das ich bestreiten sollte, war das RATA 2014. Es war wieder eine meiner Spontanaktionen. Hintergrund war ein gewisses Ärgernis, das mich zu dieser Zeit beschäftigte. Die Entwicklung des Internets und der sozialen Medien führte dazu, dass man auch als Extremsportler nicht nur auf die klassische Medienberichterstattung wie Zeitung, Radio und TV angewiesen war, um mit seinen Leistungen eine Öffentlichkeit zu erreichen. Man konnte sich mit professionell gestalteten Websites, Blogs und in diversen Social-Media-Kanälen eine eigene Öffentlichkeit schaffen und sich entsprechend präsentieren. Wenn ich die Qualität der Erfolge der neuen Generation gewisser online-affiner „Extremradsportler" genauer hinterfragte, kam ich zur Erkenntnis, dass es, überspitzt formuliert, reichte, dreimal um den Kirchturm zu fahren, um sich in den neuen Medien als außergewöhnlicher Extremsportler darzustellen.

Hier kam wieder die Frage des Respekts gegenüber meinen Leistungen ins Spiel, die ich dadurch nicht entsprechend gewürdigt sah. Und so wollte ich mit meiner Spontanteilnahme am RATA 2014 noch einmal ein Ausrufungszeichen setzen und gewissen Sportlern symbolisieren: „Seht her, was ich und mein Team im Extremradsport erreicht haben, war nicht von schlechten Eltern. Ich bin noch immer in Topform und ihr könnt jetzt beweisen, dass ihr besser seid als ich. Ich habe 20 Jahre intensiv trainiert und entsprechend gelebt, daher kann ich auch noch mit 51 Jahren Topleistungen erbringen." Beim härtesten Ein-Tages-Rennen, das ich mitbegründet habe.

Ich hatte zwar seit meinem vierten Grieskirchen-Triumph im Jahr 2012 kein Rennen mehr bestritten, aber nach wie vor konsequent trainiert, um für meine Radsportcamps, die ich im Sommer leitete, fit zu sein. Ich war erfahren genug, um meine Leistungsfähigkeit und meine Chancen einschätzen zu können.

Am Tag vor dem Rennen fuhr ich nach dem Training direkt zum traditionellen Freitagsplausch in das Stammcafé. Ich weihte Uwe in meinen Plan ein und fragte ihn, ob er als Coach dabei sein könnte. Er war zunächst überrascht, willigte aber sofort ein. Helmut Wechselberger, der ehemalige Radprofi und Tour-de-Suisse-Sieger, kam hinzu und schüttelte verwundert den Kopf, als Uwe ihm mein Vorhaben mitteilte. Wir besprachen kurzerhand den Ernährungsplan und die Materialliste, für uns nach den vielen Rennen ein Routinevorgang. Ich benötigte noch einen Fahrer für das Begleitfahrzeug. Paul, der Mann für alle Fälle, der mich schon zum Nürburgring kurzfristig begleitet hatte, war nach einem kurzen Telefonat wieder bereit. Ich informierte den Veranstalter über meine Nachmeldung und am nächsten Morgen fuhren wir nach Nauders. Die Favoriten waren der Schweizer Reto Schoch (RAAM-Sieger 2012), der Tiroler Daniel Rubisoier (RATA-Sieger 2012 und 2013) und Wolfgang Krenn, ein steirischer Mountainbike-Langstreckenspezialist, der bei der legendären Crocodile Trophy in Australien bereits zweimal auf das Podium fuhr. Mich hatte niemand auf der Rechnung. Viele Konkurrenten waren verblüfft, als ich vor dem Start plötzlich aufkreuzte. Ich genoss diese Bühne vor dem Start. Jeder Fahrer wurde beim RATA dem Publikum vorgestellt. Das RATA ist quasi der Auftaktevent zum Dreiländergiro, einem legendären Radmarathon mit mehr als 3 000 Teilnehmerinnen und Teilnehmern, das am darauffolgenden Tag gestartet wurde, bevor die ersten RATA-Finisher im Ziel eintrafen.

Uwe ging durch das Starterfeld, betrachtete kritisch viele Fahrer, die, technisch hochgerüstet mit Leistungsmessgeräten, GPS und Funkverbindung, Rennradastronauten glichen. Dagegen wirk-

Mit Uwe gut gelaunt vor dem Start meines letzten Rennens

Mit Skihandschuhen im Juli auf einer Passabfahrt

te ich mit meiner Pulsuhr anachronistisch, wie ein Relikt aus den 90er-Jahren des vorigen Jahrhunderts. Uwe kam kopfschüttelnd zu mir und meinte: „Franzi, das ist unser Game."

Ich begann das Rennen wie gewohnt defensiv und beteiligte mich am Anfang nicht an der Tempobolzerei. Die Wetterbedingungen waren ausgezeichnet, meine Beine waren sehr gut und ich verbesserte mich Position um Position.

Gegen Ende des Rennens, nach der Abfahrt vom Stilfserjoch, dessen zweimalige Befahrung die Teilnehmer mir zu verdanken hatten, lag ich nur rund zwei Minuten hinter dem Führenden Daniel Rubisoier. Ich wollte um den Sieg fahren und bereitete mich mental auf den großen Showdown vor, als sich in Prad, am Fuße des Stilfserjochs, eine Bahnschranke vor mir senkte. Ich stand inmitten eines Konvois von historischen Traktoren, der von italienischen Carabinieri begleitet wurde, und wartete geschlagene 23 Minuten. Meine Siegchancen waren dahin. Ich wurde dennoch in der ausgezeichneten Zeit von 22 Stunden und 42 Minuten Zweiter, mein bestes Ergebnis beim RATA. Bei der Einfahrt in das Ziel und bei der Siegerehrung fühlte ich mich als Sieger.

Ich hatte Freudentränen in den Augen, als mir meine Frau Karin überglücklich um den Hals fiel und ich den Stolz von den Gesichtern meiner Eltern ablesen konnte. Einer meiner schönsten Erfolge und ein starker Abgang!

Meine Rekorde

Rekorde machen sich gut im Portfolio eines erfolgreichen Extremsportlers. Rekordversuche sind Herausforderungen, die man bewältigt oder an denen man scheitert. Bei einem klassischen Rennen mit Konkurrenten kann eine gute Platzierung oder eine zufriedenstellende Leistung ein großer Erfolg sein. Bei einem Rekordversuch gibt es nur ein Ja oder Nein. Wobei derjenige, der einen Rekordversuch unternimmt, den psychologischen Vorteil hat, dass er die Marke kennt, die er erreichen muss. Er kann sich so gezielt darauf vorbereiten und hat beim Rekordversuch eine klare Vorgabe, ein eindeutiges Ziel vor Augen. Ich spürte in der Auseinandersetzung mit Rekorden wieder diesen Reiz in mir, meine Grenzen auszuloten. Was bin ich imstande, noch alles zu leisten? Bin ich so gut, wie ich mich selbst einschätze? Das Erreichen eines Weltrekords im Sport bedeutet, dass man in einer Disziplin eine Leistung vollbringt, die vorher noch kein Mensch erreicht hat. Und das hat ohne Zweifel ein hohes narzisstisches Potential, besonders dann, wenn diese Leistung von der Öffentlichkeit honoriert wird. Nicht zuletzt sorgen Rekorde für Publicity und man bleibt im Blickfeld der Medien, der Sponsoren und Partner. Im Extremradsport sind klassische Rekordmarken die Distanz, die man in 24 Stunden zurücklegt, oder die Höhenmeter, die man in 24 Stunden bewältigen kann.

Meinen ersten Rekordversuch unternahm ich allerdings nicht im Extremradsport, sondern in einer mir bis dahin fremden Disziplin: im Langlauf, genauer im Skating, bei dem man sich im Schlittschuhschritt auf Skating-Langlaufschiern fortbewegt.

Skating gilt in Radrennfahrkreisen als idealer Ausgleichssport in den Wintermonaten, da die Beine ähnlich trainiert werden wie beim Radfahren. Darüber hinaus wird auch die Arm-, Brust-, Rücken- und Bauchmuskulatur, die bei Radrennfahrern eher vernachlässigt wird, trainiert.

Und so plante ich im Herbst 2002, im Winter das Skating zu versuchen, um neue Impulse im Wintertraining zu setzen. Ich begann mit dem Training der Oberkörpermuskulatur, d. h., ich machte Klimmzüge und Liegestütze und wartete sehnsüchtig auf den ersten Schnee. Meine ersten Versuche wagte ich mit meinem Freund und Betreuer Axel auf der Langlaufloipe in Axams. Ich war, entgegen meiner bisherigen Skepsis gegenüber dem Langlaufsport, begeistert. Ich kontaktierte einen weiteren Freund, den Langlauftrainer Karl Wackerle. Karl gab mir Trainingstipps und unterstützte mich dabei, meine Technik zu verbessern. Bei einem gemeinsamen Trainingslauf klagte er einmal: „Du Fraunz, heit isch oba stumpf" – er meinte damit, dass die Gleiteigenschaften des Schnees nicht gut waren, sodass die Schier nicht gut liefen. Ich pflichtete ihm bei, als Anfänger nicht genau wissend, was er meinte: „Jo, stumpf, sehr stumpf." „Host du deine Schier überhaupt gwaxelt? Loß mia amol dein Schi probieren." Wir tauschten die Schier und Karl war entsetzt: „Mit denen kannst du ja nicht laufen, die picken ja am Schnee, das kannst du vergessen. Machst du das absichtlich?" Ich hatte bisher immer ein gelbes Universalwachs auf die Schier geschmiert, egal bei welchen Bedingungen. Ich war der Meinung, gelbes Wachs passt immer. Um mich nicht bloßzustellen, gab ich vor, bewusst gehandelt zu haben: „Ja, ich möchte meine Oberkörpermuskulatur trainieren." Karl schüttelte den Kopf, war aber andererseits beeindruckt, dass ich mit den verwachsten Schiern mit ihm mithalten konnte. „Das wird so nichts, mit solchen Schiern geht man nicht auf die Loipe. Ich werde dir die Schier waxeln." Und so weihte er mich in die Geheimnisse der Schipräparierung ein. Man schätzt, dass sich mit einem gut gewachsten Schi, aufgrund der geringeren Anstrengung, die Herzfrequenz um zehn Schläge/Minute reduziert.

Und als ich mit optimal gewachsten Skatingschi in der Wintersonne im glitzernden Schnee meine Trainingsrunden drehte, träumte ich davon, als Extremsportler nicht nur auf dem Rennrad erfolgreich zu sein, sondern der Welt meine Vielseitigkeit zu zeigen. Eine Extremausdauerleistung im Skating, das wäre eine Herausforderung für mich. Es wäre ein Alleinstellungsmerkmal: Extremradfahrer und Extremlangläufer und eine weitere Bestätigung meines Images als Tiroler Naturbursche. Nach meinem RAAM-Abenteuer war ich voller Selbstvertrauen und bereit, mich neuen, bisher unbekannten Extremerfahrungen zu stellen. Ich wusste, wie mein Körper und meine Psyche auf Langzeitbelastungen reagierten und dieses Erfahrungswissen gab Sicherheit und Zuversicht. Karl war von meinem spät erkannten Talent als Langläufer zwar überzeugt, meinte aber, als ich ihn mit meinen Überlegungen konfrontierte, dass ich dafür noch nicht so weit sei. Ich sollte mich erst einer speziellen Prüfung unterziehen und bei einem legendären Langlaufmarathon teilnehmen: dem Koasalauf. Der Koasalauf ist eine traditionelle Volkslanglaufveranstaltung mit ca. 2 000 Teilnehmerinnen und Teilnehmern in den Kitzbüheler Alpen. Er wird seit 1973 am zweiten Februarwochenende jedes Jahres ausgetragen. Die klassische Strecke von 50 km führt von St. Johann nach Kössen. Namensgeber ist der „Wilde Kaiser", von den Einheimischen „Koasa" (Kaiser) genannt, der majestätisch über den Loipen thront.

Rund drei Monate, nachdem ich zum ersten Mal auf Langlaufschiern gestanden bin, nahm ich im Februar 2003 am Koasalauf teil. Ich benötigte für die Distanz von 50 km knapp zwei Stunden und 45 Minuten, nur rund 35 Minuten mehr als der damalige Sieger und platzierte mich als 144. in der vorderen Hälfte des Teilnehmerfeldes. Noch vor den von Karl betreuten Tiroler Nachwuchstalenten. Karl war begeistert, bescheinigte mir eine sensationelle Leistung und ermutigte mich, meine Langlaufaktivitäten zu verstärken.

Zu diesem Zeitpunkt war allerdings mein Fokus bereits auf meinen Saisonhöhepunkt im Jahr 2003 gerichtet: das XXAlps über 44 Alpenpässe, das Einladungsrennen der besten Extremradfahrer Europas.

Das Skaten blieb für mich eine willkommene Abwechslung des Wintertrainings. Vor allem wegen des intensiven Trainings aller Muskelgruppen und der Naturerfahrungen in der Tiroler Winterlandschaft empfand ich das Skating als ideale Ergänzung zum eher einseitigen Rennradtraining. Nichtsdestotrotz freute ich mich wieder auf das Rennrad.

Bestärkt durch meine Erfolgserlebnisse beim Skating, führten meine Überlegungen über eine extremsportliche Langlaufherausforderung nach einigen Recherchen zu einer konkreten Projektidee. Ich wollte einen österreichischen Rekordversuch im 24-Stunden-Langlauf unternehmen. Die Rekordmarke lag damals bei 324 km. Am 4. Februar 2006, meinem 43. Geburtstag, war es so weit.

Ich hatte mich seit Herbst des Vorjahres intensiv vorbereitet: tägliches Oberkörpertraining mit unzähligen Sätzen von Klimmzügen und Liegestützen, tägliche Waldläufe und Koordinationsübungen. Als die Loipen nach dem ersten Schnee in Axams gespurt waren, skatete ich in der Mittagspause und am Abend, nach Geschäftsschluss, im Licht meiner Stirnlampe. Jeden Tag zwei Trainingseinheiten, am Wochenende mit höheren Umfängen.

Daneben wurde der Rekordversuch als Event organisiert. Rossignol unterstützte mich wieder mit erstklassigem Material – sechs Paar Race-Skatingschier, Schuhe, Stöcke, Rennanzüge – neun weitere Unternehmen waren als Sponsoren dabei und die Medien sorgten im Vorfeld für ein großes Interesse. Als Strecke wurde eine flache 1,8 km lange Loipe in Axams gewählt.

Ein Problem, das noch zu lösen war, war die Nahrungsaufnahme. Beim Radfahren konnte ich Essen und Getränke problemlos während der Fahrt entgegennehmen. Beim Langlaufen gestalteten sich diese Prozesse wesentlich schwieriger. Die Skatingstöcke sind ca. 150 cm lang und mittels einer Schlaufenhalterung mit den Handschuhen verbunden. Dadurch ist das Entgegennehmen von Nahrungsmitteln erschwert. Beim Koasalauf wollte ich in Profimanier im Vorbeifahren von einer Verpflegungsstation einen Becher Tee aufnehmen. Dabei verhaspelte ich mich mit dem Langlaufstock, verlor auf den schmalen Langlaufskiern das Gleichgewicht und räumte die gesamte Verpflegungsstation ab. Ich kam unter dem Getränketisch zum Liegen. Über mich ergoss sich der Inhalt von zahlreichen Getränkebechern Orangensaft und Tee. Mein Rennanzug war komplett durchnässt und ich sah durch den rot gefärbten Tee aus, als wäre ich in eine wüste Prügelei geraten. Wer den Schaden hat, braucht für den Spott nicht zu sorgen: Der für die Verpflegungsstation zuständige Streckenposten meinte lapidar: „Desch kimmt davau, waun da Radlfoarer glabt, er muasch launglafn."

Karl Wackerle, der mich auch beim Rekordversuch als Serviceman und Schitester unterstützte, hatte hier die rettende Idee: Dreh-&-Drink-Flaschen, befüllt mit Elektrolytgetränken oder Gels hatten die ideale Form, um sie gefahrlos entgegennehmen und den Inhalt während des Laufens zu mir nehmen zu können. Karl besorgte auch einen speziellen Teppich, der mich abbremste, um kräfteschonend die Schier nach einigen Runden zu wechseln. So hatte ich immer optimal gewachste Schier an den Beinen.

Der Rekordversuch entwickelte sich als knallharte Geschichte. Wir beschlossen kurz vor dem Start, der um 13.00 Uhr erfolgte, nochmals die Piste zu präparieren. Die Überlegung war, dass es für mich als Quereinsteiger im Skatinglanglauf einfacher war, auf einer jungfräulichen Skatingspur zu laufen. Als ich unter dem Beifall hunderter Zuschauerinnen und Zuschauer startete, merkte ich den Unterschied zum Einlaufen: Die frisch präparierte Loipe war weich und ich sank bei jedem Schritt ein – man könnte sagen, der Schnee war stumpf, sehr stumpf. Die Präparierung der Loipe war eine klare Fehlentscheidung, die mich geschätzte zehn bis 15 Kilometer kosten sollte. Ich wurde leicht nervös ob der Aussicht, auf dieser kräfteraubenden Loipe 24 Stunden durchhalten zu müssen. Aber auch in dieser Situation beruhigte ich mich durch mein Wissen, dass solche Herausforderungen nicht am Beginn entschieden werden und dass sich die äußeren Bedingungen und die körperliche und die psychische Verfasstheit im Laufe der Stunden ändern können. Die Gleiteigenschaften der Loipe besserten sich, durch die Spur, die ich Runde für Runde im Laufe der Stunden zog, tatsächlich. Die Loipe wurde kompakter. Dazu kam, dass die Außen- und Schneetemperaturen sanken.

Während die Zuschauerinnen und Zuschauer im Rahmen eines Gewinnspiels Tipps abgeben konnten, wie viele Kilometer ich bewältigen würde, lief ich Runde für Runde und war fokussiert auf das Wesentliche: die Pulsfrequenz im Auge behalten, Trinken, Ensure-plus-Trinknahrung und Enervit-Getränke zu mir nehmen, Schi wechseln und skaten, Schritt für Schritt. Die Anwesenheit und Aufmunterung des Publikums, meines Betreuerteams sowie die Streckenbegleiter, die abwechselnd neben mir liefen, motivierten mich zusätzlich. Die Temperaturen sanken in der Nacht allerdings auf 14 °C unter null. Die meisten Langläufer würden bei diesen tiefen Temperaturen die Loipe meiden oder aber nur eine kurze Laufeinheit wagen. Ich aber hatte noch 13 lange Stunden vor mir. Ich zweifelte kurz an meinem Geisteszustand. Diese beißende Kälte setzte mir am meisten zu und brachte mich beinahe an mein Limit. Trotz Thermorennanzug steckte sie in meinen Knochen, ließ meine Gesichtshaut schmerzen, meine Finger und meine Zehen froren. Um 22.00 Uhr, nach 80 Runden und 114 km legte ich eine Pause ein: Toilettengang, umziehen, essen, trinken, Massage, Schuhwechsel und das Aufföhnen meiner Zehen, die von der Kälte bereits gerötet waren – ich hatte erste Erfrierungserscheinungen.

    Nach einer halben Stunde war ich, ausgestattet mit Thermosocken und einer zusätzlichen Bekleidungsschicht, wieder auf der Loipe. Die härteste Phase war zwischen 2.00 Uhr und 5.00 Uhr. Ich lief alleine, leichter Schneefall setzte ein und ich spürte neben der Kälte die Müdigkeit in meinem Körper. Meine Rundenzeit verlangsamte sich von sechs Minuten zu Beginn des Rekordversuches auf acht Minuten. In diesen kritischen Phasen kam mir meine mentale Stärke zugute, die es mir ermöglichte, körperliche

Rekordversuch im 24-Stunden-Skating

Jubelpose mit Coach Karl Wackerle

Schmerzen und Selbstzweifel zu bewältigen und unbeirrt auf die Erreichung meines Zieles fokussiert zu bleiben.

Um 5.45 Uhr legte ich die nächste Pause ein. Die Wärme und die Versorgung durch meine Betreuer weckten neue Lebensgeister in mir und nach 45 Minuten war ich wieder unterwegs. Die Rundenzeiten lagen wieder bei etwa sieben Minuten. Als die Morgendämmerung einsetzte und die Kirchenglocken zur Sonntagsmesse einluden, trafen weitere Streckenbegleiter ein und ich steigerte die Rundenzeit auf sechseinhalb Minuten.

Zudem stieg die Temperatur auf 0 °C, was ich angesichts des großen Unterschiedes gegenüber den tiefen nächtlichen Temperaturen als fast frühlingshaft empfand.

Nach einer weiteren kurzen Pause um 9.30 Uhr war ich nur mehr 20 Kilometer von der Rekordmarke entfernt. Der Druck in mir begann, im Bewusstsein, dass mein Ziel zum Greifen nah war, abzufallen. Die Sonne schien, das Publikum wurde wieder zahlreicher und ich war glücklich, um nicht zu sagen euphorisch. Um 11.00 Uhr war der Rekord von 324 km eingestellt, in den verbleibenden zwei Stunden schraubte ich die österreichische Rekordmarke auf 353,6 km.

Diese Leistung brachte mir auch den Respekt der nordischen Profisportler ein. Mario Stecher, einer der erfolgreichsten österreichischen nordischen Kombinierer der letzten zwei Dekaden, meinte: „Ja super, Franz, du bist ein cooler Hund. Bist du jetzt bei uns Nordischen dabei?" Diese ehrlich gemeinte Anerkennung freute mich besonders. Aktuell liegt der 24-Stunden-Weltrekord im Skating bei 438,5 km. Ich bin der Meinung, dass meine damalige Leistung als Quereinsteiger in den Langlaufsport im Vergleich dazu nicht so schlecht anmutet.

Das Kapitel Extremlanglauf war für mich mit dieser Aktion erledigt. Nach wie vor halte ich mich aber im Winter mit Skating fit.

Ich sollte allerdings noch einen weiteren Ausflug in den Wintersport machen. Es gab einen gewissen Christian Flühr, der sich als Extremschifahrer bezeichnete und in diesem Metier diverse Rekorde im Dauerschilauf verbuchte. Auf einem Videoportal stieß ich auf einen erfolgreichen Rekordversuch im Schi-Abfahrtslauf. Christian Flühr schaffte in 24 Stunden 53 577 Höhenmeter. Das bedeutet, dass er nonstop mit Alpinschiern eine Schipiste befuhr. Hinauf ging es mit dem Lift und es wurde die zurückgelegte, kumulierte vertikale Strecke aufaddiert. Allerdings überzeugte mich seine schifahrerische Leistung, die in dem Video offenkundig wurde, nicht wirklich. Im Vergleich dazu sah ich mich in technischer Hinsicht als wesentlich besseren Schifahrer.

Im Jahr 2008 hatte ich bereits alle klassischen 24-Stunden-Ultramarathons in Österreich, Deutschland, Schweiz und Frankreich zumindest einmal gewonnen. Darüber hinaus hatte ich einige radspezifische 24-Stunden-Rekorde geschafft, auf die ich etwas später noch näher eingehen werde.

Ich fühlte den Drang in mir, wieder etwas Neues zu versuchen. Nach dem Ausflug in den nordischen Wintersport schien es mir folgerichtig, meine Qualitäten als Extremsportler auch im alpinen Sektor unter Beweis zu stellen. Als Tiroler wurde mir das Schifahren quasi in die Wiege gelegt. Und eine Portion Patriotismus spielte ebenso eine Rolle, als ich mich entschloss, mich auf die Weltrekordversuche im 12-Stunden- und im 24-Stunden-Schiabfahrtslauf einzulassen. Denn ich war der Meinung, dass dieser Rekord nicht nach Deutschland, sondern in das Wintersportland Österreich, genauer gesagt in das Bundesland Tirol, gehörte.

So wie bei allen meinen bisherigen sportlichen Unternehmungen vertraute ich auch dieses Mal auf meine autodidaktischen Fähigkeiten. Ich zog niemals Sportwissenschaftler, Fitness- oder Konditionstrainer zu Rate, sondern ließ mich in meiner Trainings- und Wettkampfvorbereitung von meiner Intuition, meiner Körperwahrnehmung, meiner stetig wachsenden Erfahrung und natürlich auch von meiner Fehleranalyse leiten. Dahinter steckte die Überzeugung, dass ich mich selbst und die Reaktionsweisen meines Körpers am besten kannte.

Man könnte es auch Sturheit nennen, was man mir als Tiroler, dem diese Eigenschaft stereotypisch nachgesagt wird, verzeihen wird. Jedenfalls hat mein Weg zum Erfolg geführt.

Ich habe oftmals die Erfahrung gemacht, dass die Sportwissenschaftler zur Beantwortung konkreter Fragen des Extremsports theoretische Modelle heranzogen, die sich in der Praxis nicht bewährten. Das führte mich zur Erkenntnis, dass mein praxiserprobtes Expertenwissen praktikabler war als das forschungsbasierte Expertenwissen der Sportwissenschaft. Dazu stehe ich nach wie vor.

Ich begann also im Spätsommer 2008 mit der Vorbereitung für mein Alpinschiprojekt.

Sportlich war es bisher ein überaus erfolgreiches Jahr gewesen: Ich hatte die 24-Stunden-Ultramarathons in Donnerskirchen, in der Provence und in Grieskirchen gewonnen.

Das Hauptziel der Vorbereitung für die Weltrekordversuche im Abfahrtslauf lag darin, die Kraft und Kraftausdauer der Oberschenkelmuskulatur und der Rumpfmuskulatur wesentlich zu verbessern. Zusätzlich musste ich die für das Schifahren erforderliche Bewegungskoordination und das Gleichgewichtsgefühl, die durch das intensive Rennradtraining stark vernachlässigt worden waren, reaktivieren. Ich begann also mit dem einfachen Gehen, um mich wieder, so sonderbar es vielleicht klingen mag, an das Fortbewegen auf zwei Beinen zu gewöhnen. Es folgte schnelleres Gehen, leichtes Joggen und längere, stetig intensivere Waldläufe. Das Gleichgewicht trainierte ich, indem ich bei meinen Läufen oder Wanderungen auf natürlichen Hindernissen, wie Zäunen, Mauern oder Bäumen balancierte. Die Kraft und Kraftausdauer der Oberschenkel trainierte ich in harten Trainingseinheiten durch zahllose Strecksprünge und tiefe Kniebeugen, einbeinig und zweibeinig.

Besonderes Augenmerk legte ich auf die Materialfrage. Im Sporthandel gab es damals nur Schier mit einer Maximallänge von 180 cm. Um wirklich schnell abfahren zu können, benötigte ich wesentlich längere Rennschier, wie sie nur im Welt- oder Europacup verwendet wurden. Da diese Schier mit normalen, handelsüblichen Schischuhen unfahrbar waren, stellte mir Rossignol neben den Schiern auch entsprechende Schuhe, mit einem Flexindex von 150 und 160, zur Verfügung. Der Flex-Wert bezeichnet den Widerstand, der beim Schischuh bei der Kniebeugung nach vorne entsteht. Je höher der Flexwert, umso härter der Schuh und umso mehr Druck wird auf das Schienbein ausgeübt. Der Vorteil sehr harter Schuhe ist eine unmittelbarere Kraftübertragung des Körpers auf die Schuhe und auf die Schier – die Schier können dadurch präziser und kontrollierter gesteuert werden. Der Nachteil ist der Tragekomfort: Je härter die Schuhe, umso unbequemer sind sie, darüber hinaus können bei längerem Tragen Druckstellen an den Schienbeinen entstehen. Die Frage war also: Wie lange konnte ich es in den unbequemen harten Schuhen aushalten? Kein Schuhhersteller kam auf die Idee, dass jemand 24 Stunden nonstop damit fahren würde.

Zunächst musste ich mich an das Schifahren mit dem professionellen Rennmaterial gewöhnen und mich sukzessive an Geschwindigkeiten von mehr als 100 km/h herantasten. Dieses Schitraining absolvierte ich, nach der Eröffnung der Wintersaison Ende November, in meiner Mittagspause. Das hatte auch den Vorteil, dass wochentags in der Vorweihnachtszeit wenig Betrieb auf den Schipisten der Axamer Lizum herrschte. So gefährdete ich mit meinen immer schnelleren Nonstop-Abfahrten niemanden. Schließlich schaffte ich die Olympiastrecke der Damenabfahrt von 1976 im Abfahrtstempo.

Als Ouvertüre zum prestigeträchtigeren 24-Stunden-Höhenmeter-Rekordversuch wollte ich am 3.2.2008 in Heiligenblut den, ebenfalls von Christian Flühr gehaltenen, Rekord von zwölf Stunden übertreffen. Um 6.00 Uhr morgens ging es bei Flutlicht los, bereits kurz nach 11.00 Uhr hatte ich den bestehenden Rekord von 27 000 Höhenmetern eingestellt und schaffte in zwölf Stunden relativ locker 46 202 Höhenmeter.

Knapp zwei Wochen später startete ich den 24-Stunden-Rekordversuch auf Alpinschiern. Die Organisation dieser Projekte war sehr aufwändig. Es bedurfte der Einwilligung und Kooperation der jeweiligen Bergbahnen, die eine beleuchtete Schipiste und eine Gondelbahn auch außerhalb der üblichen Zeiten in Betrieb halten mussten. Ich benötigte Protokollführer in Doppelbesetzung, die die Anzahl der Fahrten und Höhenmeter protokollierten. Kontrollorgane, die diese Einträge bestätigten. Masseure, die meine Oberschenkel während der Liftfahrt massierten und Betreuer, die mich, ebenfalls während der Liftfahrten, verpflegten. Einen Serviceman, der die sechs Paar Rennschier, jedes ca. 15-mal während der Dauer des Rekordversuchs, präparierte. Einen Mediziner, der aus Sicherheitsgründen meinen körperlichen Zustand überwachte. Und natürlich durften die mediale Inszenierung und die Vermarktung nicht zu kurz kommen. Mein Freund und Weggefährte Gerhard Lechner organisierte und inszenierte meine Rekord-Events überaus professionell, sodass alles reibungslos ablief und ein großes Publikumsinteresse gegeben war.

Wir legten den Start auf 17.00 Uhr, unmittelbar nach Betriebsschluss der Bergbahnen des Rangger Köpfl in Oberperfuss nahe Innsbruck. Ich wollte in der Nacht bei Flutlicht und freier Piste den Grundstein für einen neuen Rekord legen. Die von mir befahrene Piste war ab dem nächsten Morgen für den Publikumsschilauf geöffnet und ich musste entsprechend vorsichtiger fahren, um niemanden zu gefährden.

Pro Fahrt legte ich eine Strecke von 2,35 km und 512 Höhenmetern zurück. Dabei ging es jedes Mal über zwei Sprünge mit einer Sprungweite zwischen 20 und 40 m. Die Spitzengeschwindigkeit lag bei 110 km/h. Besonders herausfordernd war das sogenannte abkristeln, d. h. der Bremsschwung vor der Liftstation, den ich unmittelbar nach dem letzten Sprung einlegen musste. Nach rund 40 Abfahrten wurde mir die dazu erforderliche Kraftanstrengung so richtig bewusst. Meine Oberschenkelmuskulatur begann je-

Weltrekordversuch im 24-Stunden-Abfahrtslauf

des Mal zu übersäuern. Es war eine weise Entscheidung, diese besonders beanspruchten Muskelgruppen bei jeder Liftfahrt zu massieren und aufzulockern. Bereits nach rund 13 Stunden hatte ich den Rekord von 53 577 Höhenmetern eingestellt. Ich wechselte nun auf weichere Schischuhe, im Rennfahrerjargon „Glühweinpatschen" genannt, da sich durch die harten Rennschuhe an beiden Schienbeinen eine Beinhautentzündung entwickelt hatte. Gleichzeitig tauschte ich die 2,03 m langen Super-G-Rennschi gegen kürzere Schier.

Nach 24 Stunden stand der Weltrekord im Schi-Abfahrtslauf auf 92 160 Höhenmetern, ich pulverisierte den Rekord von Christian Flühr. Ein weiterer Meilenstein in meiner Extremsportkarriere! Aber ich war nicht nur von der Müdigkeit gezeichnet. Durch die vielen Sprünge und Erschütterungen hatte ich starke Rückenschmerzen. Ich hatte den Eindruck, jede einzelne Bandscheibe zu spüren.

Kurzregeneration beim Gondelfahren

Viel Zeit zum Feiern blieb nicht, denn am nächsten Tag stand ich bereits am Morgen wieder im Sportgeschäft. Nach Feierabend versuchte ich meine starken Rückenbeschwerden durch aktive Regeneration mittels Schwimmen in den Griff zu bekommen. Und tatsächlich trat danach Linderung ein.

Rückblickend gesehen war dieses Unterfangen hochriskant. Nach dessen erfolgreicher und unfallfreier Bewältigung war mir klar, dass ich ein derartiges Risiko nicht mehr eingehen würde: Ein Sturz bei den hohen Geschwindigkeiten mit den langen Rennlatten hätte fatal mit einer schweren Verletzung enden können. Das Sturzrisiko erhöhte sich natürlich im Laufe der langen Belastung, weshalb ich versuchte, bis zum letzten Abschwingen konzentriert zu bleiben. Darüber hinaus wollte ich meinem Rücken eine derartige Belastung nicht mehr zumuten.

Nach wie vor fahre ich aber mit Rennschiern, da mir das Schifahren damit viel mehr Vergnügen als mit herkömmlichen Schiern bereitet.

Den ersten radspezifischen Weltrekordversuch unternahm ich im Jahr 2005. Als leidenschaftlicher Bergfahrer war es naheliegend, den 24-Stunden- Höhenmeter-Weltrekord in Angriff zu nehmen. Der zu überbietende Rekord des Liechtensteiners Marcel Knaus aus demselben Jahr lag bei 18 093 Höhenmetern. Zur Veranschaulichung: Diese Zahl entspricht den Höhenmetern, die man erreichen würde, wenn man in 24 Stunden die Großglockner-Hochalpenstraße von der Mautstelle Ferleiten bis zum Fuschertörl (13 km, 1 277 hm) 14-mal bergauf und bergab befahren würde.

Ich fühlte, dass die Zeit gekommen war, einen Weltrekordversuch zu unternehmen. Anders als bei vielen Extremsportveranstaltungen inklusive RAAM, bei dem ungefähr zehn Zuschauer meiner Zieleinfahrt beiwohnten, wollten wir für diesen Rekordversuch einen würdigen Rahmen mit einem entsprechenden Zuschauerinteresse schaffen. Wir planten, die Herausforderung im Rahmen des Dorffestes in Axams durchzuführen. Wir wählten, ausgehend vom Axamer Zentrum, das erste Teilstück der Stichstraße hinauf zur Axamer Lizum. Für einen Weltrekordversuch keine optimale Streckenführung, da bei den Abfahrten langsame Kurven, darunter eine Spitzkehre, befahren werden mussten. Und das kostete Zeit und erhöhte das Sturzrisiko. Bis zu 1 000 Zuschauerinnen und Zuschauer wohnten meinem Weltrekordversuch bei und sorgten für eine beeindruckende Atmosphäre. Ich war überaus motiviert, bei diesem „Heimspiel" zu zeigen, zu welchen Leistungen ich imstande war.

Pro Runde waren das 245 Höhenmeter, wobei die Steigung zwischen 10 % und 14 % lag. Gerhard hatte ein tolles Radfest organisiert. Es gab ein Prominentenrennen, u. a. mit der ehemaligen Schirennläuferin Lisi Kirchler, den früheren ÖSV-Abfahrtsläufern Norbert Holzknecht und Peter Rzehak und vielen anderen Vertreterinnen und Vertretern aus Wirtschaft und Politik. Am Wendepunkt der Strecke gab es eine kleine VIP-Party, die Erlöse einer Spendenaktion kamen Hochwasseropfern in Tirol zugute.

Jeder, der Lust verspürte, konnte neben mir mitfahren. Allerdings konnte niemand mit meinem Tempo mithalten, erst gegen Ende des Rekordversuchs, als der Rekord bereits gebrochen war und meine Zeiten naturgemäß langsamer wurden, fuhr ich in Begleitung. Jene, die versuchten, zumindest eine Runde mit mir mitzuhalten, schüttelten ungläubig den Kopf und waren ziemlich erstaunt ob der Geschwindigkeit, mit der ich die ersten 20 Runden loslegte. Meine Taktik war, schnell zu beginnen, um relativ bald in die Nähe der Rekordmarke zu kommen.

Nach 22 Stunden war der bestehende Rekord eingestellt und meine neue Weltrekordmarke lag bei 19 355 gefahrenen Höhenmetern. Das entspricht ungefähr dem Vierfachen der zu fahrenden Höhenmetern beim Ötztalradmarathon.

Es gab keine spezielle Vorbereitung für diesen Rekordversuch. Nach meinen Erfahrungen bei der Passorgie des XXAlps wusste ich, dass ich in der Lage war, mit meinem alltäglichen Trainingspensum einen neuen Weltrekord aufzustellen. Allerdings war es kein Kinderspiel, sondern überaus hart. In der Nacht, nach ca. 14 Stunden, bekam ich wegen der Dauerbelastung der steilen Anstiege mit bis zu 14 % Schmerzen in den Knien und im Rücken, die mich bis zum Ende begleiteten. Speziell die Abfahrten waren gefährlich. Nicht auszudenken, was hätte passieren können, wenn ein Hirsch oder Reh bei den Abfahrten mit bis zu 80 km/h vor mir die Straße überquert hätte.

Das Publikum und die Ehrengäste waren begeistert, als ich von der damaligen Miss Tirol den Siegerpokal überreicht bekam. Ein perfekter Abschluss einer weiteren tollen Ausdauerleistung.

Auch hier blieb keine Zeit zum Feiern – am nächsten Morgen stand ich wieder im Sportartikelgeschäft. Aktuell liegt der 24-Stunden-Höhenmeterweltrekord bei 22 622 Meter, aufgestellt vom zweifachen RATA-Sieger Robert Petzold.

Man kann die Sinnhaftigkeit dieser Rekordversuche natürlich hinterfragen, aber Rekorde sind nun eben dazu da, verbessert zu werden.

Den wohl sinnlosesten Rekordversuch unternahm ich im Jahr 2006, als ich 24 Stunden hinter einem VW-Bus fuhr und den Weltrekord im Windschattenfahren aufstellte. Geplant war allerdings etwas anderes. Ein Vergleichskampf zwischen einem Liegeradfahrer im vollverkleideten Liegerad und mir auf einem klassischen Rennrad über 24 Stunden. Durch seine zigarrenförmige, stromliniengünstige Bauweise hat ein verkleidetes Liegerad einen extrem geringen Luftwiderstandsbeiwert und ermöglicht so hohe Geschwindigkeiten bei einer vergleichsweise geringen Leistung. Und beim Radfahren ist der Luftwiderstand der größte limitierende Faktor. Je höher das Tempo, desto größer ist der Anteil der Leistung, der für die Überwindung des Luftwiderstandes erforderlich ist.

Der damalige Europameister im Liegerad-Zeitfahren, der Tiroler Helmut Lechner, sollte in diesem Vergleichskampf auf einer flachen, 6 000 m langen Strecke zwischen meinem Heimatort Zirl und Leiblfing antreten. Nach rund 3 000 m gab es eine Wende und es ging wieder zurück zum Ausgangspunkt, wo wiederum gewendet werden sollte. Die Verhandlungen zogen sich hin, er sagte zu, dann wieder ab, bis er schlussendlich zusagte. Gerhard inszenierte wieder ein großartiges Spektakel. Aufgrund der erforderlichen Straßensperre und der damit verbundenen restriktiven Behördenauflagen war der organisatorische Aufwand allerdings enorm. Wir akquirierten Sponsoren, organisierten wieder ein tolles Rahmenprogramm und rührten die Werbetrommel. Im August 2006 war alles angerichtet für den großen 24-Stunden-Vergleichskampf. Am Vortag des Events sagte der Liegeradfahrer ab. Angeblich weil die Wenden für ein Liegerad zu eng waren. Gerhard und ich berieten uns und uns war klar, dass eine Absage der Veranstaltung für uns nicht in Frage kam. Zu groß wäre der Imageverlust für mich gewesen. Und so machten wir aus der Not eine Tugend und aus dem Vergleichskampf wurde ein Weltrekordversuch hinter einem Pacemaker. Wir organisierten einen VW-Bus, hinter dem ich 24 Stunden im Windschatten fahren sollte. Die Fahrer sollten sich alle drei Stunden abwechseln. Die ganze Geschichte war natürlich improvisiert, denn bei den Wenden fuhr der Pacemaker geradeaus weiter, drehte um und fing mich, der mit dem Rad wesentlich schneller wenden konnte, wieder ein.

Auf diese Weise schaffte ich dennoch 1 114 km, ein Stundenmittel von 46,4 km/h. Und ein neuer Weltrekord hinter einem Pacemaker. Nichtsdestotrotz ein sehr gefährliches Unterfangen, fuhr ich doch bei ca. 60 km/h nicht mehr als 10 cm hinter der Stoßstange des VW-Busses. Dieses Risiko würde ich nicht nochmals eingehen. Aber ich hatte meine Ehre gerettet.

Auch im Jahr 2009 hatte ich sportlich sehr viel erreicht und war nach meinem Schi-Downhill-Abenteuer auf der Suche nach einer weiteren Herausforderung. Ich hatte mir in der 24-Stunden-Radszene in den letzten Jahren einen Namen gemacht. Ich war fasziniert von der Leistung von Wolfgang Fasching, der den Weltrekord im 24-Stunden-Straßenradfahren hielt. Er schaffte 850 km. Und das ohne Windschatten. Ich hatte neben meinem Fulltime-Job stets sehr viel trainiert. Ich wollte nun beweisen, dass man auch unter diesen „amateurhaften" Bedingungen, wenn man konsequent an sich arbeitete, Höchstleistungen erbringen konnte. Es stand keineswegs Konkurrenzdenken im Vordergrund, als ich mich dazu entschloss, diesen Rekord anzugehen.

Dieses 24-Stunden-Einzelzeitfahren fand wieder auf einer zwölf km langen, flachen Strecke zwischen Zirl und Telfs statt, also zum Teil auf jenem Streckenabschnitt, den ich auch bei dem beschriebenen Rekordversuch hinter einem Pacemaker befahren hatte. Am Samstag, den 1. August 2009, stand ich noch bis 12.00 Uhr im Sportgeschäft. Gerhard war bereits hochgradig nervös, als ich erst um 14.55 Uhr beim Start erschien und ihm mit den Worten „Pock ma's" signalisierte, dass ich bereit war. Der Start erfolgte wie geplant um 15.00 Uhr.

Das Begleitfahrzeug fuhr dieses Mal hinter mir, die Verpflegung und die Bekleidungswechsel erfolgten vom Auto aus. Ich schaffte 873 km, immerhin eine Durchschnittsgeschwindigkeit von 36,4 km/h. Trotz suboptimaler äußerer Bedingungen. Kurz vor dem Start setzte Föhn ein, der Wind drehte des Öfteren, und im zweiten Teil des Rekordversuchs setzte Regen ein. So entschloss ich mich, 40 Minuten vor dem offiziellen Ende abzubrechen, nachdem ich den Weltrekord bereits verbessert hatte.

Den aktuellen Weltrekord mit 896 km in dieser Disziplin hält der Steirer Christoph Strasser, derzeit wohl der beste Extremradfahrer der Welt.

Bei all meinen Rekordversuchen war ein Jurist anwesend, der die Korrektheit der erbrachten Leistungen bestätigte. Es ging mir dabei darum, eventuellen Anzweifelungen meiner Rekorde die Basis zu entziehen.

Kein Rekord im eigentlichen Sinn, aber doch eine Rekordfahrt im weitesten Sinne war eine Herausforderung, der ich mich 2004 stellte. Das Unternehmen, das ich für mich auserkoren hatte, hieß „Tour de France nonstop". Ich wollte die Originalstrecke der Tour de France 2003 über rund 3 500 km, so schnell wie möglich, quasi in

Auf Weltrekordfahrt im 24-Stunden-Zeitfahren

Die Siegerehrung der Weltrekordfahrt

einer Etappe befahren. Die Erinnerung an dieses Extremsportprojekt fällt mir allerdings nicht leicht. Es ist mit einem Makel verbunden.

Die Tour de France ist das bedeutsamste und härteste Profi-Radrennen der Welt. Es ist der Traum jedes jungen Radprofis, daran teilnehmen zu dürfen, um am Ende der dreiwöchigen Rundfahrt, von den Strapazen gezeichnet, in Paris einzufahren und sich an den Champs-Élysées als Held feiern zu lassen. Und das Publikum feiert sie alle als Helden, die Paris erreichen. Nicht nur den Sieger und Träger des Gelben Trikots. Die Tour de France wurde erstmals 1903 ausgetragen und war das erste Etappenrennen der Radsportgeschichte. Damals betrug die Streckenlänge rund 2 500 Kilometer, die einzelnen Etappen waren mit einer Länge von bis zu 400 km von einer epischen Distanz. Dazwischen gab es mehrtägige Ruhepausen, die im Lauf der Zeit auf aktuell zwei Ruhetage reduziert wurden. Die Durchschnittsgeschwindigkeit betrug damals 25 km/h. Die Leistung der damaligen Radheroen war eigentlich unglaublich, wenn man den Zustand der damaligen Straßen und die Ausstattung der Fahrräder, die über keine Gangschaltung verfügten, in Betracht zieht. Im Laufe der Zeit wurde die Etappenanzahl höher und deren Distanzen kürzer, um die Spannung und Attraktivität der Tour de France für die Öffentlichkeit zu erhöhen. Zusätzlich wurde zunehmend das Hochgebirge in den Alpen und in den Pyrenäen befahren. Es sind gerade diese Bergetappen, die zur mythischen Verklärung der Tour de France und zum Synonym der Tour als „Tour der Leiden" beigetragen haben. Die Anstiege zum Col du Tourmalet in den Pyrenäen, zum Col du Galibier, zum Mont Ventoux und nach Alpe d'Huez in den Alpen werden auch als die „heiligen Berge" der Tour bezeichnet. In diesen Bergetappen fällt die Entscheidung über den Gesamtsieg. Denkwürdige Sportdramen, Triumphe und Niederlagen, haben sich hier im Laufe der Tour-Geschichte ereignet.

Ich wagte mich an diesen über hundertjährigen Mythos „Tour de France", der den besten Profiradrennfahrern der Welt vorbehalten ist. Franz Venier aus Tirol war bereit, die Leiden der rund 3 500 km und abertausenden Höhenmeter nicht nur auf sich zu nehmen, sondern zu verdichten: Statt drei Wochen mit täglicher Nachtruhe und zwei Ruhetagen, wie es der klassische Tour-de-France-Zeitplan vorsah, wollte ich versuchen, die gesamte Strecke nonstop in weniger als zehn Tagen zu schaffen. Ohne Unterstützung von acht Mannschaftskollegen und ohne den schützenden Windschatten des Pelotons.

Wir setzten uns mit der Amaury Sport Organisation (ASO), die die Tour de France veranstaltet, in Verbindung und erhielten das Roadbook mit der genauen Streckenführung der Tour des Jahres 2003. Start war im belgischen Lüttich, nach 20 Etappen war wie immer Paris das Ziel. Die Organisation und Vorbereitung waren für mein Team und mich bereits Routine, das Budget betrug rund 10 000 Euro, das durch Sponsoren gedeckt werden konnte. Unter Mediengetöse wurden wir von Hilde Zach, der damaligen Bürgermeisterin, in Innsbruck verabschiedet und machten uns voller Zuversicht auf den Weg nach Lüttich, wo wir unsere Tour starteten. Wir bedachten allerdings nicht, dass das Roadbook für ein Etappenrennen ausgelegt war, bei dem die Straßen gesperrt sind und ein Tross an Streckenposten, Begleitfahrzeugen und Vorausfahrzeugen die Strecke sicherte und vorgab. Nicht so bei unserem Auftritt in Frankreich. Wir waren normale Verkehrsteilnehmer und wenn im Roadbook in einem Dorf, einer Stadt oder sonst wo eine Abzweigung vermerkt war, konnten wir nicht sicher sein, dass es auch die richtige Abzweigung war. Das führte zu unfreiwilligen Stopps, wir verfuhren uns häufig und so war das Projekt nicht zu Ende zu bringen. Als wir nach rund 1 800 km zur Erkenntnis kamen, dass wir aufgeben mussten, war ich am Boden zerstört.

Ich war bisher erfolgsverwöhnt und hatte alle sportlichen Herausforderungen bravourös gemeistert. Und nun das. Ich scheiterte nicht durch eine körperliche Unzulänglichkeit oder weil ich den Strapazen nicht standhielt und mir zu viel zugemutet hatte.

Wo ist der richtige Weg?

Nein, ich scheiterte wegen eines banalen Anfängerfehlers. Wir hatten uns nach den ganzen Erfolgen einfach zu sicher gefühlt und wesentlichen Aspekten der Vorbereitung zu wenig Aufmerksamkeit geschenkt. Ich schämte mich, als wir unverrichteter Dinge heimkehren und unseren Misserfolg eingestehen mussten. Für mich war der Nimbus des Erfolgreichen, bei dem im übertragenen Sinn alles zu Gold wurde, was er anpackte, zerstört.

Häufig kann man im Nachhinein auch Niederlagen oder dem Scheitern etwas Positives oder Lehrreiches abgewinnen. Im Sport hört und liest man oft von der Erkenntnis, dass man erst durch Niederlagen persönlich gereift sei oder dass man Siege erst durch die Erfahrung der Niederlagen so richtig erfassen und auskosten könne. Ich sehe allerdings in meinem Scheitern bei dem Tour-de-France-nonstop-Projekt keine tiefere Bedeutung. Außer vielleicht, dass ich mich zu sehr auf andere verlassen hatte und meiner Verantwortung als Teamleader nicht hundertprozentig nachgekommen war. Aber das hilft mir nicht wirklich weiter. Es bleibt die Empfindung des Makels auf meiner bisher weißen Extremsportweste.

Es war selbstredend, dass ich das nicht auf mir sitzen ließ. Wir starteten im darauffolgenden Jahr einen neuen Anlauf. Mein Freund und Extremradfahrer Gerhard Emhofer hatte sich eine sportliche Auszeit genommen und unterstützte uns bei der Tour de France nonstop – zweiter Versuch. Wir erhielten dieses Mal neben dem Roadbook auch die GPS-Daten aller Etappen der Originalstrecke des Jahres 2005 von der ASO. Gerhard programmierte damit das GPS-Gerät des Begleitfahrzeuges und ein mobiles GPS-Gerät, das ich zeitweise auf dem Rad mit mir führte, wenn wir zu Hauptverkehrszeiten in stockenden Verkehr oder Staus gerieten. So konnte ich weiterfahren, ohne Zeit zu verlieren, bis mich das Begleitfahrzeug wieder einholen konnte. Als zusätzliches Back-up übertrug Gerhard die Streckenführung auch auf eine klassische Straßenkarte.

Am 6. Juni 2005, zehn Tage nach meiner ersten Teilnahme am Ultraradmarathon Raid Provence Extreme, startete ich erneut eine Tour de France nonstop. Startpunkt war in Fromentine an der Atlantikküste im Westen Frankreichs. Von dort führte die Strecke in sieben Etappen über relativ flaches Terrain nach Osten bis Karlsruhe. Nach weiteren zwei Etappen ging es Richtung Süden nach Mulhouse, dem Zielort des neunten Teilabschnitts der regulären Tour de France. Hier wurde es erstmals bergig, es waren die Vogesen zu überwinden.

Tour de France nonstop 2

Das Wetter war vom ersten Tag an regnerisch und teilweise gewittrig, in den Nächten sanken die Temperaturen unter 10 °C. Die ständige Nässe führte dazu, dass ich bereits nach einem Tag Sitzprobleme hatte. Hinzu kamen Knieschmerzen, die ich damit in den Griff bekommen wollte, dass ich mit einer höheren Übersetzung fuhr, um das Knie nicht zusätzlich zu belasten. Durch den höheren Kraftaufwand bei den zahlreichen Hügeln der Vogesen wurden die Knieschmerzen wieder heftiger. Ich und mein Team erreichten Mulhouse am Mittwoch gegen 24.00 Uhr. Während dieser 62 Stunden machte ich eine zweistündige Schlafpause und legte 1 530 km zurück. Im regulären Tourplan war hier nach einer Woche der erste Ruhetag mit einer Überstellung nach Grenoble vorgesehen. Wir fuhren in der Nacht mit dem Auto sechs Stunden nach Grenoble, die ich zum Schlafen nutzte, und setzte mich um 7.30 Uhr wieder auf das Rad. Ich benötigte nach der langen Pause einige Zeit, um wieder meinen Rhythmus zu finden. Die Sitz- und Knieprobleme waren immer noch vorhanden, aber annehmbar. Nun ging es erstmals zur Sache. Wir waren in den Alpen und es folgten die schwierigsten Bergetappen: Cormet de Roselend, der Anstieg nach Courchevel, Col de Madleine, Col du Télégraphe und der höchste Punkt dieser Tour wurde nach einem 17 km langen Anstieg auf den Col du Galibier (2 645 m) erreicht. Danach wurden die Anstiege kürzer, allerdings zahlreicher, über Berge der zweiten, dritten und vierten Kategorie. Es wurde wieder flacher, bevor es nach Montpellier im Süden Frankreichs und entlang der Küste zu den französischen Pyrenäen ging. Am Samstag um ca. 17.00 Uhr, nach weiteren 1 000 km und 10 000 Höhenmetern, nach weiteren 58 Stunden, von denen ich drei schlief, kam ich nach Ax-3 Domaines in den Pyrenäen, einem bekannten Schigebiet an der Grenze zu Andorra. Hier sollte rund vier Wochen später ein für den österreichischen Radsport denkwürdiges Ereignis stattfinden. Der Tiroler Georg Totschnig war der erste Österreicher nach Max Bulla im Jahr 1931, der eine Etappe der Tour de France gewinnen sollte. Bereits nach sieben Kilometern der 14. Etappe setzte sich eine Spitzengruppe aus 15 Fahrern vom Hauptfeld ab. Die Gruppe wurde bei den letzten Anstiegen immer kleiner, bis nur mehr Georg Totschnig als stärkster Bergfahrer der Ausreißergruppe am Schlussanstieg nach Ax-3 Domaines übrig blieb und 56 Sekunden Vorsprung auf Lance Armstrong ins Etappenziel rettete. Davon konnte ich natürlich nichts ahnen, als ich mich, begleitet von ständigen Knieschmerzen und widrigsten Witterungsverhältnissen, im Gewitterregen in den Pyrenäen abkämpfte. In der Nacht musste ich wegen der Knieschmerzen vom Rad, was ich zu einer dreistündigen Schlafpause nutzte, während der mir mein Team entzündungshemmende Umschläge auf das lädierte Knie legte. So ging zumindest die Schwellung zurück. Am Sonntag hatte ich nach zehn weiteren Passüberquerungen die Pyrenäen hinter mich gebracht. Schließlich erreichte ich am Dienstag um 3.27 Uhr, nach sieben Tagen 17 Stunden und 27 Minuten und mehr als 3 500 km das Ziel. Auf den letzten 100 km wurde ich wieder begleitet von heftigen Gewittern mit Sturmböen, Straßensperren und Umfahrungen. Trotz dieser beeindruckenden Leistung, die uns zur Erkenntnis führte, dass ich mich seit dem RAAM körperlich weiterentwickelt hatte – die Fahrzeiten wurden länger, die Schlafpausen wurden kürzer – hat dieser Erfolg durch das Scheitern beim ersten Anlauf für mich nicht den Stellenwert, den er möglicherweise verdient.

Ich habe an mehr als 30 Ultraradmarathons, Extremradrennen und Extremsportprojekten teilgenommen und beinahe alle erfolgreich im Spitzenfeld, als Sieger oder auf dem Podium beendet. Zwei 24-Stunden-Radrennen habe ich nicht beendet. Am Nürburgring wegen starken Nebels und einmal musste ich ein Rennen wegen Fieber vorzeitig beenden. Und dann eben diese Tour-de-France-Geschichte.

Nicht zu verwechseln ist meine Tour-de-France-nonstop-Fahrt mit dem Extremradrennen Le Tour Direct, das erstmals ebenfalls 2005 ausgetragen wurde und bei dem nicht die Originalstrecke der Tour de France befahren wurde, sondern die spektakulärsten

Streckenteile in den Alpen und Pyrenäen beinhaltete. Der niederländische Veranstalter Guus Moonen fragte auch bei mir wegen einer Teilnahme an diesem 4 000 km langen Rennen an. Er konnte mir aber kein Startgeld anbieten, das dafür vorgesehene Budget hatte er bereits verbraucht. Ich war nicht bereit, ohne Startgeld teilzunehmen, denn mittlerweile hatte ich einen sehr guten Namen in der Szene und durch meine Teilnahme hätte sich die Werbewirksamkeit des Rennens meines Erachtens erhöht.

Meine Moral

Ich habe einen Beruf erlernt und keine höhere Schulbildung absolviert. Zur Maxime meines moralischen Handelns zählten immer einfache Werte: Ehrlichkeit, Glaubwürdigkeit und Respekt anderen Menschen gegenüber. Jeder, der mich persönlich kennt, wird dies vermutlich bestätigen. Ich bin meinen Eltern dankbar mir diese Werte vermittelt zu haben. Allerdings habe ich den Eindruck, dass diese Werte nicht mehr zeitgemäß sind. Nicht in der Politik, nicht in der Wirtschaft und auch nicht im Sport. Als gelernter Österreicher kennt man die Auswüchse des Proporzes, von fehlender politischer Verantwortung über Vetternwirtschaft, vom Reformstau in Wirtschaft, Bildung und Verwaltung angesichts einer sich rasch ändernden und komplexer werdenden Welt bis hin zum blinden Vertrauen in einen Polit-Messias, der eine Landesbank an die Wand fuhr und die Schulden eines Bundeslandes und der ganzen Republik in die Höhe trieb.

Es erscheint mir fragwürdig, dass immer mehr Produkte, Dienstleistungen und Bedürfnisse generiert werden, denen wir als Konsumenten trotz überbordenden Wohlstands breiter Bevölkerungsteile hinterherhecheln. Bedürfnisse, die individuelle Glückseligkeit suggerieren und viele Menschen zurücklassen, die sich trotz Wohlstand, Familie und Partner einsam, ausgebrannt und leer fühlen. Die dann ihre Betriebsamkeit erhöhen, um genau das nicht zu spüren. Kinder scheinen bisweilen als Erweiterung der Elternteile gesehen und als kleine Götter idealisiert zu werden. Nicht anders kann ich es mir erklären, wenn ich von einem Zehnjährigen, der gerade ein unbedeutendes Zillertaler Schirennen gewonnen hat, mit einer Autogrammkarte beglückt werde.

Erfolgreich sein um jeden Preis, der Zweck heiligt die Mittel, das Prinzip des Homo Oeconomicus und was ist dann? Ehrlichkeit, Glaubwürdigkeit, Respekt? Es heißt, der Sport ist ein Spiegelbild der Gesellschaft. Die Werte, oder sagen wir besser, die Ideale des sportlichen Wettkampfs sind Fairness, Respekt vor der Person und der sportlichen Leistung des Gegners. Womit ich beim Thema Doping angelangt bin. Ein Thema, zu dem man schon gezwungenermaßen Stellung nehmen muss, wenn man sich, so wie ich in diesem Buch, mit Extremradsport auseinandersetzt. Ich kenne nicht die spezifischen Möglichkeiten der illegalen Leistungssteigerung. Es hat mich nie interessiert. Da ich keine Medikamente nehme, musste ich mich auch nicht mit Verbotslisten auseinandersetzen. Meine Betreuer und Ärzte mussten mich selbst zur Einnahme eines Aspirins überreden, nicht weil ich befürchtete, irrtümlich des Dopings überführt zu werden, sondern weil ich seit jeher kein Vertrauen in chemische Substanzen habe. Das geht so weit, dass ich schon von einer Medikamentenphobie spreche. Selbst in der kritischen Phase beim RAAM, als mich starke Knieschmerzen fast zur Aufgabe gezwungen haben, verweigerte ich Schmerzmittel. Meine Betreuer haben mir damals ohne mein Wissen zerstoßene Voltarentabletten in das Essen gemischt, um die Schmerzen medikamentös zu lindern. Wobei deren Wirkstoff Diclofenac natürlich erlaubt war.

Für mich ist Doping Betrug am Sport. Ich habe kein Verständnis für gefallene Sportidole, die sich jahrelang in der Öffentlichkeit feiern lassen und nach ihrer Überführung weinerlich um Mitleid heischen. Wenn ein Profisportler überführt wird, soll er sich einen anderen Beruf suchen, er hat das Vertrauen und seine Vorbildfunktion unwiderruflich verwirkt. Das gilt natürlich auch für Extremsportler und ambitionierte Freizeitsportler. Eine Teilnahme an weiteren Rennen sollte ihnen für immer verwehrt bleiben. Einige der Ötztalradmarathon-Sieger der vergangenen Jahre wurden bei Lizenzrennen des Dopings überführt. Materielle Gründe können wohl nicht die Motivation gewesen sein, möglicherweise werfen diese Siege aber so viel Ruhm und Ehre ab, dass man in Kauf nimmt, sich und andere zu betrügen. Aus meiner Sicht verdient der zweite, dritte oder zwanzigste eines sportlichen Wettkampfes genauso viel Respekt wie der Sieger. Dazu noch eine Anekdote. Im Vorfeld einer Präsentation zu meinem 24-Stunden-Weltrekord im Einzelzeitfahren, den ich mit einer Distanz von 873 km und einer Durchschnittsgeschwindigkeit von über 36 km/h aufstellte, wurden im Publikum Zweifel artikuliert, ob diese Leistung ohne Doping überhaupt möglich wäre. Uwe war entrüstet, ging kurzerhand auf das Podium, griff sich das Mikrofon und tat kund: „Zu den hier geäußerten Dopingverdächtigungen merke ich Folgendes an. Jeder, der sich im Sport auskennt, weiß, dass Doping ohne die Mithilfe von Betreuern nicht durchführbar ist. Und ich als Chefbetreuer von Franz Venier weiß über jedes Detail des Trainings und der Wettkampfvorbereitung Bescheid. Wer den Franz des Dopings verdächtigt, was ein absoluter Schwachsinn ist, verdächtigt logischerweise auch mich. Und jeden, der dies öffentlich tut, werde ich mit einer gerichtlichen Klage verfolgen!" Damit war das Thema für diese Veranstaltung erledigt.

Ich sehe in der Auseinandersetzung mit dem Thema Sportbetrug einen Zusammenhang mit den erwähnten Veränderungen des Wertesystems in Politik und Gesellschaft: Der Zweck heiligt die Mittel, Erfolg um jeden Preis. Ehrlichkeit, Glaubwürdigkeit, Respekt? Ich fühle mich altmodisch und meine Haltung ähnelt der eines Don Quichote.

Ich weiß, dass ich mir mit meinen Einstellungen oft selbst im Weg stand, kann jedoch nicht anders, als mir selbst treu zu bleiben. Ich blieb lieber Sportartikelverkäufer und Amateurextremsportler und meinem moralischen Wertekodex treu.

Gewinnen, um zu siegen?

Ich habe von den letzten 20 Jahren meines Lebens rund 7½ Jahre im Sattel verbracht, dabei eine Strecke von rund 620 000 Kilometern und mehr als 3 000 000 Höhenmeter zurückgelegt. Ich habe Rekordmarken im Extremradsport gesetzt, ich habe viele Rennen gewonnen und habe es genossen, ganz oben auf dem Podium zu stehen. Ich bin vermutlich der Einzige, dem derartige Erfolge als Amateursportler, neben einer hauptberuflichen Tätigkeit, gelungen sind. Ich bin belächelt und bewundert worden. Ich habe viele schöne Stunden erlebt, zahlreiche interessante Menschen kennengelernt, von einigen wurde ich ausgenutzt.

Trainingsfahrt

Doch bin ich ein Sieger?

Das wirkliche Leben spielt sich nicht auf dem Rad ab, das wirkliche Leben kann noch um vieles härter sein, als tagelang unter Schlafentzug unwirtlichen Bedingungen zu trotzen und seinem Körper und seiner Psyche Höchstleistungen abzuringen, um sich im Wettkampf mit Konkurrenten zu messen oder seine Grenzen auszuloten.

Ich möchte hier an meine in den letzten Jahren verstorbenen Freunde und Teammitglieder erinnern. Viele Menschen im mittleren Alter durchleben Phasen existentieller Krisen, sind verzweifelt, erleben Trennungen, sind mit Krankheiten oder dem Verlust von nahen Familienangehörigen oder Freunden konfrontiert, verlieren ihren Job oder haben Firmeninsolvenzen hinter sich. So ist das richtige Leben. Morgen bin ich vielleicht der Nächste, den es erwischt. Natürlich hat das Leben auch schöne Seiten, es ist meistens schön, wenn man einen gewissen Wohlstand hat, gesund ist, keine existentiellen Sorgen hat, sich auf den Rückhalt einer Familie verlassen kann und in einem sicheren Land wie Österreich lebt. Ich genieße es jeden Tag, gerade wegen des Wissens um die Vergänglichkeit und Verletzlichkeit.

Ich sehe den Sport als Lebensschule, der mir hilft, mich weiterzuentwickeln, persönliche Krisen zu meistern und eben auch Verluste von lieb gewonnenen Menschen, die mit mir gelitten und gefeiert haben, zu verarbeiten und wieder Zuversicht zu schöpfen. Regelmäßige körperliche Betätigung in der Natur, egal ob es Radfahren, Wandern, Walken, Laufen oder sonst etwas ist, schafft innere Befriedigung und Wohlbefinden. Und das nicht nur in schwierigen Lebenssituationen. Unser Körper und unsere Psyche sind von der Evolution nicht dazu konzipiert worden, stundenlang an einem Schreibtisch vor einem Computer oder in Meetings zu verbringen, sondern um über lange Distanzen Tiere zu jagen oder nach Nahrung zu suchen, d. h. sich zu bewegen. Insofern ist Extremradsport vielleicht gar nicht so extrem. Alles nur eine Frage der Perspektive oder die Wahrheit ist eine Tochter der Zeit. Eine kleine Botschaft an die vielen klugen Menschen, die der Meinung sind, genau zu wissen, was andere Menschen zu tun haben, um glücklich zu sein und vorschnell urteilen, da sie in ihrer Selbstvergessenheit nicht erkennen, dass ihr Weg nicht der meine sein muss.

Es sind banale Weisheiten, dass nur der Tüchtige das Glück hat, dass man sich viele kleine Ziele setzen muss, um große Ziele zu erreichen oder dass man auf ein Ziel fokussiert sein muss, um es zu erreichen.

Gerade im Sport verdichten sich diese scheinbaren Banalitäten aber zu einer Parabel für das richtige Leben. Mein Freund Gigi Ruetz hat mir einmal die Frage gestellt: „Franz, was denkst du dir so, wenn du da tagelang auf dem Rad sitzt und tausende Kilometer fährst?"

Meine Antwort war: „Kurbeln, Kurbeln, Kurbeln und wenn es nicht mehr geht: Kurbeln." Soll heißen: Solange ich trete, kann ich nicht scheitern und ich werde mein Ziel erreichen! Meine sportlichen Erfolge sind mir nicht zugeflogen, sie sind das Resultat jahrelanger harter, täglicher Arbeit. Ich habe nicht auf das Glück, den Zufall, den Lottosechser oder auf die Gunst anderer Menschen gehofft. Ich habe auf meine eigenen Fähigkeiten und meine Anstrengungsbereitschaft gesetzt. Ich habe auf meine Leidenschaft, d.h. die Dinge, die ich tue, gerne und mit Hingabe zu tun, gesetzt. Ich habe nicht nur darüber geredet, sondern ich habe es getan. Es ist ganz einfach, sich das Rauchen abzugewöhnen, im Sommer eine Bikinifigur zu haben, sich aus einer unglücklichen Beziehung zu lösen, sich mehr persönlichen Freiraum neben dem Beruf zu gönnen: Man muss nur anfangen, es zu tun! Raus aus der Komfortzone, kämpfen, leiden, fokussiert sein und schlussendlich den Erfolg umso mehr genießen. Wieder so eine Banalität oder steckt vielleicht doch eine tiefere Weisheit dahinter?

Durch den Sport habe ich Erfahrungen gemacht, die mich darin bestärken, ehrlich und aufrichtig durchs Leben zu gehen und andere Menschen respektvoll zu behandeln. Ich habe meine Stärken kennengelernt und gelernt, meine Schwächen anzunehmen. Ich habe meine Grenzen und meine Begabungen erfahren. Ich habe meine persönlichen Potentiale entwickelt. Ich habe gelacht und geweint. Ich weiß heute, wer ich bin, was ich will und was ich nicht will. Ich habe den richtigen Menschen vertraut und bin nicht enttäuscht worden. Ich habe etwas aus meinem Leben gemacht. Ich war ein großer Sieger, als mein Sohn zur Welt kam. Ich war ein großer Sieger, als ich meine Frau als Zeichen der Liebe zum Traualtar führte. Ich war ein Sieger, als ich verzweifelten Menschen ein wenig Hoffnung und Zuversicht geben konnte. Dazu ist es nicht notwendig zu gewinnen. Ich bin bereit mich weiterzuentwickeln – im richtigen Leben.

Epilog

Ich blicke zurück auf die vergangenen 25 Jahre und versuche, eine Bilanz zu ziehen. Vermutlich ist dies das Bedürfnis jedes Menschen, der einen Lebensabschnitt zu Ende gebracht hat. Das kann befriedigend sein, das kann ambivalent sein oder es kann schmerzhaft sein. Man nähert sich der Bilanz seines Lebens. Das kann furchterregend oder selbstzufrieden sein, das kann entschuldigend, selbstkritisch oder auch selbstverleugnend sein. Die Jahre der Unbekümmertheit sind vorbei. Es ist nicht meine Absicht, mich als Held zu stilisieren. Ich bin kein Held. Ich bin ein normaler Mensch. Ich bin der harte Kerl mit den lockeren Sprüchen. Ich bin der Zweifler, der sich und sein Tun hinterfragt. Ich habe meinen Traum gelebt. Ich bin meiner Leidenschaft nachgegangen. Viele haben mich bewundert, viele haben mich beneidet. Wenige, die mir sehr nahe stehen, haben darunter auch gelitten. Ihnen gilt meine Bewunderung. Ich werde für euch jetzt da sein.

Mein Weg soll jenen Menschen Mut machen, die ihren Traum noch nicht gelebt haben. Nehmt es selbst in die Hand. Tut es und redet nicht nur darüber. Irgendwann ist es leicht, die vielen Berge im Leben zu bezwingen. Und auf den Abfahrten werdet ihr vor Glück jauchzen und wissen, warum sich die Mühen lohnen. Kämpft um euer Glück und lasst in der Mühsal die Angst zurück. Es ist nie zu spät.

Vielleicht macht es euch Mut: www.bit.ly/franzvenier

Mittlerweile ist es 1.30 Uhr. Um mich herum ist es ruhig geworden. Die Nacht in Sölden ist klar und kühl. In wenigen Stunden werden sich Tausende auf den Weg machen, um ihren Traum zu verwirklichen. Meine Gedanken sind geordnet und ich habe das Gefühl, mit mir im Reinen zu sein. Aber da ist noch ein anderes Gefühl. Ich habe diese Melancholie erst einmal gespürt. Damals am Strand von Pensacola. Als mein Traum erfüllt war.

Es ist Zeit, sich einen neuen Traum zu suchen. Ohne Startnummer. Im richtigen Leben.

Für Karin, Luca und meine Eltern

**Ich danke allen, die mich
auf meinem Weg begleitet
und unterstützt haben.**

Franz Venier

Bewerten Sie dieses Buch auf unserer Homepage!

www.novumverlag.com

Der Autor

Franz Venier, Jahrgang 1963, ist der erfolgreichste und bekannteste Extremsportler Tirols. Er absolvierte das härteste Radrennen der Welt, das Race Across America, zählte über viele Jahre zu den weltbesten Radrennfahrern über 24-Stunden-Distanzen und erzielte Bestmarken im Langstreckenradsport, im alpinen 24-Stunden-Abfahrtslauf und im nordischen 24-Stunden-Skating. Seine Erfolge sind umso beeindruckender, als er sie neben der Familie und einem Fulltime-Job als Sportartikelverkäufer vollbrachte – mit Leidenschaft, Konsequenz, Durchhaltevermögen, mentaler Stärke, Intuition und Teamgeist. In seinem Buch „Gewinnen, um zu siegen?" erzählt der vielseitige Autor aus seinem Leben.

novum VERLAG FÜR NEUAUTOREN

Der Verlag

*Wer aufhört
besser zu werden,
hat aufgehört
gut zu sein!*

Basierend auf diesem Motto ist es dem novum Verlag ein Anliegen neue Manuskripte aufzuspüren, zu veröffentlichen und deren Autoren langfristig zu fördern. Mittlerweile gilt der 1997 gegründete und mehrfach prämierte Verlag als Spezialist für Neuautoren in Deutschland, Österreich und der Schweiz.

Für jedes neue Manuskript wird innerhalb weniger Wochen eine kostenfreie, unverbindliche Lektorats-Prüfung erstellt.

Weitere Informationen zum Verlag und seinen Büchern finden Sie im Internet unter:

www.novumverlag.com